<< Curro hatte bis dahin noch nie einen Wolf gesehen.
Er hatte in der freien Prärie ihr furchtbares Geheul gehört und bei diesem schaurigen Geräusch gezittert, doch er hatte keinem von ihnen je gegenübergestanden.
In diesen Tälern hatte er noch nie ihren Ruf vernommen und sich deshalb keine Sorgen gemacht.
Damit war es nun also vorbei… >>

Zum Autor:

Jan Ostheim, Jahrgang 1974, wohnt mit seiner Familie in Bergedorf/Hamburg.
„Ungezähmt" ist sein zweiter Roman.
Sein Erstlingswerk „Donnerhall" – ein Wikingerroman, ist ebenfalls als eBook bei Amazon erhältlich.

Jan Ostheim

Ungezähmt

Abenteuer eines Mustangs

Texte: © 2015 Copyright von
Jan Ostheim (Autor)
Martin Ostheim (Herausgeber)

Anschrift:
Martin Ostheim
Ulmenstr. 8 d
22299 Hamburg
E-Mail: m.ostheim@gmx.de

Covergestaltung: Dana Barthel
Bild: Shutterstock.de
CreateSpace Independent Publishing Platform

ISBN-13: 978-1507814017
ISBN-10: 1507814011

Inhaltsverzeichnis:

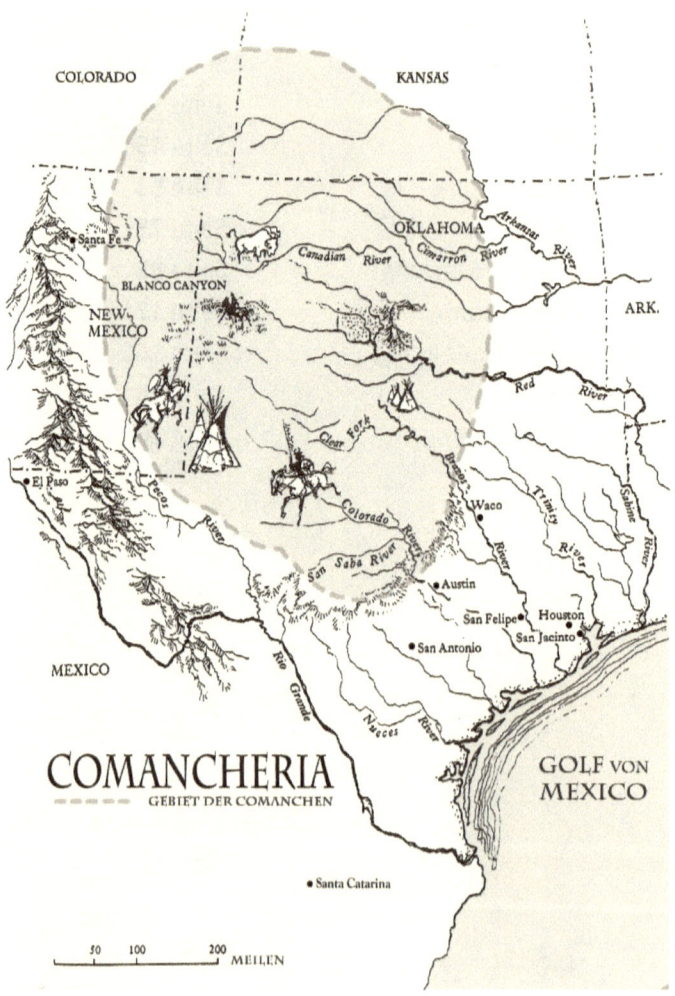

COLORADO

KANSAS

Santa Fe

OKLAHOMA

Canadian River

Cimarron River

Arkansas River

BLANCO CANYON

NEW MEXICO

ARK.

Red River

Clear Fork

El Paso

Brazos River

Waco

Colorado River

Trinity River

Sabine River

San Saba River

Austin

San Felipe

Houston

San Jacinto

San Antonio

MEXICO

Rio Grande

Nueces River

COMANCHERIA
– – – GEBIET DER COMANCHEN

GOLF VON
MEXICO

• Santa Catarina

50   100   200
⊢——⊢————⊢ MEILEN

NAMENSREGISTER

PFERDE:

CURRO / SCHATTENFELL, WEISSAUGE	SCHWARZER VOLLBLUTHENGST BRAUNER MUSTANG MIT WEISSEM FLECK AM LINKEN AUGE
PRÄRIEWIND	SCHECKE MIT BRAUNEN FLECKEN

COMANCHEN:

SCHNELLER PFEIL	JUNGER INDIANERKRIEGER
KLEINER FUCHS	SEIN BESTER FREUND
DACHSHAAR	FREUND VON SCHNELLER PFEIL
ROTER HIRSCH	VATER VON SCHNELLER PFEIL
RABENFEDER	ONKEL VON SCHNELLER PFEIL
TOSENDES WASSER	ERBITTERTER GEGNER VON SCHNELLER PFEIL
WOLFSPFOTE	SEIN FREUND
ADLERSCHWINGE	VATER VON TOSENDES WASSER
SITZENDER BÄR	HÄUPTLING DER COMANCHEN-GRUPPE

COMANCHEROS (HÄNDLER):

MANUEL	ANFÜHRER DER HÄNDLER
JUAN	JÜNGSTES MITGLIED DER HÄNDLER

1. Flucht vor den Flammen

Mexiko, Santa Catarina, südlich des Rio Grande

„Nimm die Zügel etwas enger! Du darfst ihm nicht so viel Spiel geben, Antonio."
Der Mexikaner, ein Mann in den mittleren Jahren, lehnte sich wieder an den Torpfosten und verschränkte die Arme vor der Brust, während er den Reiter vor sich nicht aus den Augen ließ.
„Ja, so ist es richtig. Jetzt lass ihn noch zwei Runden laufen und dann mach Schluss für heute."
Antonio, ein fünfzehnjähriger Jüngling, hob die Hand zum Zeichen, dass er verstanden hatte.
Er führte seine Arbeiten immer gewissenhaft aus, besonders wenn sie ihm so viel Spaß machten wie diese hier. Das Schnalzen seiner Zunge ermunterte den kräftigen Hengst unter ihm noch einmal und er ritt die letzten Runden des Tages mit dem ihm eigenen Temperament.

„Gut gemacht, Carlos."
Antonio klopfte ihm anerkennend auf den schlanken Hals.
„Komm, mein Lieber, genug für einen Tag. Ich sehe nachher noch einmal nach dir, wenn Miguel schlafen gegangen ist."
Miguel, der den Stall gerade Richtung Haupthaus verließ, war der Vorarbeiter der Ranch.
Antonio bewunderte ihn für sein Wissen und sein Gespür im Umgang mit Pferden, auch wenn er ihn ab und an schalt, nicht zu fürsorglich zu ihnen zu sein. Antonio hatte

es sich inzwischen angewöhnt, erst nach Einbruch der Dunkelheit noch einmal nach seinen Schützlingen zu sehen. Wie immer hatte er stets einen kleinen Leckerbissen für seine Lieblinge dabei.

Er führte Carlos in seine Box und sattelte ihn ab, bevor er ihn gründlich trocken rieb.

Dabei bewunderte er den schlanken, muskulösen Körper und Carlos bedankte sich bei ihm, indem er seinen Kopf an ihm rieb.

Prachtpferde sind es, dachte Antonio.

Und Prachtpferde waren es wirklich.

Die Zucht von Santa Catarina war noch sehr klein, aber ihre Pferde konnten es mit den besten von ganz Mexiko, ach was, von ganz Spanien aufnehmen.

Der Besitzer der Ranch, Don Bernardo, hatte vor einigen Jahren ein paar Vollblüter in Spanien erworben und sie nach Mexiko verschifft.

Es waren wundervolle Tiere, ein Hengst, Carlos, und zwei Stuten, Isabel und Carla, welche ihr ganzer Stolz waren.

Antonios Liebling aber war eindeutig Curro, der Sohn Isabels, der vor vier Jahren das Licht der Welt erblickt hatte.

„Curro, mein schwarzer Liebling, wo bist du?", rief Antonio mit lockender Stimme, so als könnte der Gerufene irgendwo anders als in seiner Box sein.

Ein leises Schnauben antwortete ihm und ein nachtschwarzer Kopf drängte sich vertrauensvoll an ihn.

Antonio lachte.

„Ja, mein kleiner Heißsporn, ich bin ja bei dir." Er zog

einen Apfel aus der Tasche und Curro schnappte genüsslich nach dem Obst.

Antonio streichelte ihm liebevoll über die Stirn und bewunderte wie immer die großen, klugen Augen, die ihm bis ins Herz zu sehen vermochten.

„Soll ich dir wieder ein kleines Schlaflied spielen? Was meinst du?" fragte er seinen Schützling.

Dieser sah ihn an, als könnte er ihn ganz genau verstehen, und nickte dann mit dem Kopf.

Der Junge musste lachen.

„Na, das will ich dir aber auch geraten haben."

Er streichelte ihm noch einmal liebevoll über die Nüstern und setzte sich dann auf einen Heuballen.

Es war ihr Abendritual und es war schwer zu sagen, wer sich mehr darauf freute.

Sein Instrument war zwar nur eine Holzflöte, der er lediglich einige Töne entlocken konnte, aber mit der Zeit machte er sich.

Curro schien davon gar nicht genug kriegen zu können. Seine Ohren lauschten aufmerksam wie immer auf jeden Ton.

„Antonio?"

Miguels Stimme drang vom Haupthaus herüber und Antonio wurde klar, dass er wie üblich zu spät zum Abendessen kam.

Er kitzelte Curro noch einmal über dem rechten Auge, was dieser sehr gerne mochte, und ging dann widerstrebend aus dem Stall, nicht ohne das Tor gründlich zu verschließen.

Curro sah ihm aus seinen dunklen Augen hinterher, bis

das Tor verriegelt war, dann trank er das angenehm kühle Wasser, welches Antonio aus dem Brunnen geholt hatte. Was für eine Wohltat das war. Die Hitze hatte ihnen den ganzen Tag über zugesetzt und ließ auch in den Abendstunden kaum nach. Auch wenn Curro Hitze gewöhnt war, hätte er doch nichts gegen einen kühlenden Wind, wie er einem beim Galoppieren entgegenwehte, einzuwenden gehabt.

Seit Wochen hatte eine Hitzewelle das mexikanische Land südwärts des Rio Bravo fest im Griff.
Das Getreide blieb klein und vertrocknete am Halm, wenn es nicht gegossen wurde, und von Regen war noch immer weit und breit nichts zu sehen.
Diese stickige Luft machte Curro träge und irgendwann war er eingeschlafen.

Nach dem Abendessen gingen Don Bernardo und Miguel auf die Veranda. Der Patron war einige Tage in der benachbarten Stadt Monterrey gewesen, um seinen Geschäften nachzugehen und er hielt sich gern über die Zustände seiner Ranch auf dem Laufenden. Don Bernardo hieß seinen Vorarbeiter sich neben ihn zu setzen und zündete sich dann umständlich eine Zigarre an. Den ersten tiefen Zug genoss er mit geschlossenen Augen, bevor er den Rauch gekonnt in einen immer größer werdenden Kreis in die von einem heißen Sommertag ohnehin aufgeheizte Luft entließ.
Miguel kannte dieses Ritual, schließlich arbeitete er schon seit gut drei Jahren auf der Ranch, und wartete schweigend auf das Zeichen seines Herrn. Doch Don

Bernardo hatte es heute Abend nicht eilig. Das Essen war wie immer sehr gut gewesen: Steaks mit jungem Mais und Kartoffeln, und niemand bekam das Fleisch so auf den Punkt gegrillt wie die alte Köchin Conchita. Für die immer noch beachtliche Hitze hatte er viel zu viel gegessen und er hoffte, dass die Zigarre und das Glas Wein ihm Erleichterung verschaffen würden. Sein prüfendes Auge glitt über die Stallungen und die angrenzenden Gebäude, die im letzten Schimmer des Abendlichts vor ihm lagen. Ein kaum wahrnehmbares Nicken zeigte Miguel, dass sein Patron nun so weit war.

„Isabel ist wieder trächtig", begann er mit der wichtigsten Neuigkeit. Er wusste, dass sein Patron vor dem zu Bett gehen genau dafür betete und er lächelte, als er die Zufriedenheit auf dessen Gesicht erkannte.

„Ich weiß es seit drei Tagen", fügte er hinzu.

Er musste nicht mehr sagen. Sie wussten beide, dass Isabel nach Curro keinem Fohlen mehr das Leben geschenkt hatte und ihre Erleichterung darüber war nicht zu übersehen.

„Es gibt jedoch auch schlechte Neuigkeiten", fuhr Miguel fort.

„Der gesamte Mais auf den Südfeldern wird ohne Bewässerung nicht überleben, die letzten Wochen waren einfach zu heiß und trocken."

Don Bernardo nahm einen Zug von seiner Zigarre und schaute den letzten Strahlen der untergehenden Sonne hinterher, die soeben am Horizont verschwand.

„Schick morgen die Ramirez Brüder mit ihren Frauen

dort hin. Sie sollen unser Bewässerungssystem auch auf diese Felder ausdehnen. Es ist längst überfällig."

Miguel nickte.

„Doch ohne Regen werden die Kanäle auch nicht helfen. Was wir dringend brauchen ist ein ordentliches Gewitter."

Don Bernardo zuckte mit den Schultern und stand auf.

„Ich kann es nicht ändern. Gib Conchita morgen Kerzen mit zur Kirche. Sie soll dafür beten."

Er ging an seinem Vorarbeiter vorbei ins Haus hinein.

„Gute Nacht, Miguel."

„Wird gemacht, Patron. Schlafen Sie gut."

Miguel trat den Rest der Zigarre aus, die Don Bernardo achtlos über die Brüstung der Veranda geworfen hatte. Er sah noch einmal über die Ställe hinweg und ging dann ebenfalls schlafen.

Mit der Dunkelheit breitete sich auch eine Nachtruhe aus, die nur ab und an durch das Zirpen einer Grille unterbrochen wurde.

Curro hörte die Grille nicht.

Er schlief tief und fest.

Ein plötzlicher Luftzug fauchte durch den Stall und ließ die Tür seiner Box klappern. Etwas trampelte und ein gewaltiges Poltern ließ ihn mit einem Mal hellwach werden.

Was ging hier vor?

Neben sich hörte er die anderen Pferde unruhig werden. Sie liefen hin und her, stiegen und schlugen aus. Plötzlich nahm er einen beißenden, durchdringenden Geruch war.

„Feuer", durchzuckte ihn die Erkenntnis.

Diesen Geruch kannte er. Die Männer der Ranch kochten sich an kleinen Feuern ihr Essen und einmal im Jahr wurden die neuen Kälber mit Brandzeichen versehen. Nicht jedoch er oder die anderen Vollblutpferde. Kein Zeichen unterbrach ihr schimmerndes Fell, waren sie doch so schon unverkennbar genug.

Er kannte also den Geruch von Feuer, hatte damit aber bisher keine Gefahr verbunden.

Nun jedoch war die Luft von heißen Luftwirbeln erfüllt und er nahm auch den Rauch wahr, der sich vom Gang her ausbreitete. Dieser heiße, stinkende Qualm drang unaufhaltsam in seine Box ein und machte ihm das Atmen schwer. Curro warf den Kopf hoch und suchte nach einem Ausweg, aber die Box war klein und die Tür von außen mit einem Riegel gesichert. Neben ihm, aus Carlos Box, drang ein lautes Poltern zu ihm herüber. Es erklang zweimal, dreimal und dann hörte Curro ein Geräusch, als würde Holz splitternd brechen. Seine Mutter in der Box neben Carlos wieherte voller Angst und dann zuckten die ersten hellen Flammen über die Dachbalken.

Antonio hatte nach dem Essen noch einmal nach seinen Schützlingen gesehen und war dann schlafen gegangen. Die Tage waren lang und sie begannen früh und so ging er gewöhnlich mit Einsetzen der Dunkelheit ins Bett. Seine Kammer war direkt unter dem Dachboden. Sie war winzig, hatte aber ein kleines Fenster, aus dem er nachts die Sterne sehen konnte. Von hier oben konnte er vor allem bis zu den Stallungen schauen und wie so oft galt auch heute sein letzter Gedanke seinen Lieblingen.

Rufe weckten ihn.

Eigentlich wurde er immer beim ersten Krähen des Hahnes wach und er hatte auch keine Schwierigkeiten, schnell aus dem Bett zu kommen. Ganz anders zum Beispiel als Pablo, der in der Küche half und immer erst mehrfach gerufen werden musste, bis er sich lustlos ans Aufstehen machte.

Aber heute war er noch müde und drehte sich vom Fenster weg auf die andere Seite.

Durch ein halb geöffnetes Auge bemerkte er, dass es schon hell war. Er würde zur Abwechslung also mal Ärger bekommen, nicht Pablo.

Die Rufe erschallten weiter und sie wurden lauter.

Antonio wälzte sich auf den Rücken und sah zum Fenster hinaus. Er konnte aus dieser Lage den Stall nicht sehen, dafür hätte er sich aufrichten müssen, aber er sah die Flammen, die meterhoch über das Dach schlugen und starrte für eine Sekunde, die ihm wie eine Ewigkeit vorkam, mit offenem Mund auf das Inferno.

„Curro!"

Sein Schrei übertönte das Prasseln der Flammen.

Schlagartig war er hellwach und rannte ohne weiter nachzudenken los.

Er musste Curro retten.

„Heilige Jungfrau Maria, bitte mach, dass ihm nichts passiert", betete er beim Rennen und hatte gleichzeitig ein schlechtes Gewissen, weil er nur für ein Pferd Hilfe erbat und nicht für alle.

Antonio nahm drei Stufen gleichzeitig und rannte durch den Flur bis zur Eingangshalle, wo gewöhnlich morgens die Rancharbeiter für die Arbeit des Tages eingeteilt wurden.

Jetzt war die Halle leer, doch sowie er durch die Tür kam, verschlug es ihm die Sprache.

Die Stallungen brannten über ihre ganze Breite und waren in ein Meer von Flammen gehüllt.

Alle Bewohner der Ranch liefen umher, um den Brand zu löschen. Sie schöpften Eimer aus dem Brunnen und schlugen mit Decken auf brennende Gegenstände ein.

„Das Haupthaus fängt Feuer!"

Dieser Schreckensruf ließ Antonio herumfahren. Ein Teil des Daches war durch die empor steigenden Funken in Brand geraten.

„Löscht das Feuer am Haupthaus."

Antonio erkannte Miguels Stimme, doch er lief schon weiter in Richtung Stall.

Er hörte Miguel einen Fluch ausstoßen, doch dann riss das Fauchen der Flammen alle anderen Geräusche mit sich.

„Curro."

Sein Ruf war voller Verzweiflung und voller Hilflosigkeit. Das Feuer hatte das ganze Gebäude in Besitz genommen und es brannte mit einer unheimlichen Intensität. Die Hitze, welche ihm entgegenschlug, machte ihm das Atmen unmöglich und er musste blinzeln, da seine Augen, die eben noch mit Tränen gefüllt waren, ihm nun wie ausgetrocknet vorkamen.

Er riss sich den rechten Arm vors Gesicht, um sich etwas vor dieser Höllenglut zu schützen, als sich zwei starke Arme um ihn legten und aus dem unmittelbaren

Feuerkreis zogen.

„Sie sind da drin", murmelte Antonio hilflos.

Miguel verstand ihn nicht, aber er fühlte mehr, was Antonio sagen wollte.

„Niemand kann ihnen jetzt noch helfen, mein Junge."

Er sah resigniert zum Stall hinüber.

„Wir können nur noch versuchen das Haupthaus zu retten, oder wir werden kein Dach mehr über dem Kopf haben, also reiß dich zusammen und komm mit."

Er schob Antonio mehr, als er ging, während dem Jungen die Tränen übers Gesicht liefen.

Don Bernardo leitete die Löscharbeiten. Es wurde eine Eimerkette gebildet und die Helfer schütteten ihre Gefäße über das bereits rauchende Haupthaus. Es qualmte, aber noch brannte es nicht.

Die wochenlange Trockenheit hatte die Holzbohlen ausgedörrt und rissig werden lassen.

Antonio hätte lieber versucht den Pferdestall zu retten und als er ein verzweifeltes Wiehern hörte, ließ er den Eimer fallen und rannte mit aller Kraft auf den Stall zu.

„Curro!"

Sein eigener Schrei gellte ihm in den Ohren, nur um dann sofort im Fauchen der Flammen unterzugehen. Die Hitze, die ihn empfing, war mörderisch und ließ ihm keine Luft zum Atmen.

Alles fing an, sich um ihn zu drehen, und er spürte noch, wie er fiel und von starken Armen aufgefangen wurde. Bevor er ganz das Bewusstsein verlor, vernahm er ein ungeheures Donnern wie bei einem Gewitter und dann flog das Tor der Stallung mit einem lauten Knall auf.

Frische Luft strömte in den Stall und brachte das Inferno fast zum Explodieren und als hätte die Hölle einen Geist ausgespuckt, so tauchte auf einmal etwas aus den Flammen auf.

Ein schwarzer Schatten jagte an ihnen vorbei und verschwand innerhalb von Sekunden in der Dunkelheit.

Curro hatte sich mit aller Kraft gegen das Tor seiner Box geworfen, aber die Tür war stabil und der Riegel hielt stand. Der Qualm wurde immer dichter und das Luftholen mittlerweile fast unmöglich.

Hörte sie denn niemand? Es musste doch jemand das Feuer sehen und ihnen zur Hilfe kommen!

Todesangst überkam ihn. Mit großen Augen sah er die Flammen immer dichter kommen. Sie züngelten gierig über die Dachsparren und die Holzverschalung und schienen ein Eigenleben zu führen.

Ein Krachen ließ ihn zusammenfahren und riss ihn aus seiner Benommenheit. Neben ihm wieherte Carlos und mit einem erneuten Poltern erklang das Geräusch von brechendem Holz.

Curro wollte rufen, um auf sich aufmerksam zu machen, aber er konnte kaum noch Luft holen. Seine Lungen schienen in Flammen zu stehen.

Vor seiner Box erklang ein Scharren und dann bewegte sich der Riegel. Die Tür ging ein kleines Stück auf und Curro kam auf unsicheren Beinen heraus. Er sah Carlos nur als Schemen neben sich, der mit seinem Kopf andere Riegel bewegte, und Curro glaubte, in dem Rauch seine Mutter erkennen zu können. Sie würden trotzdem alle sterben, ging es ihm durch den Kopf, denn sie waren von den Flammen komplett umzingelt. Seine Beine zitterten und er musste blinzeln, um überhaupt etwas sehen zu können. Aber doch, es war seine Mutter. Sie kam auf ihn zu, stupste ihn liebevoll an, so als wollte sie, dass er ihr folgte, und dann drehte sie sich um und verschwand in den Flammen.

Vorne, wo irgendwo das Stalltor sein musste, auch wenn es jetzt von Flammen und Rauch verborgen war, erklang wieder ein Donnern. Zweimal, dreimal krachte es ohrenbetäubend und dann war auf einmal ein doppeltes Donnern zu hören. Über ihm lösten sich Bretter aus dem Dach und fielen Funken versprühend nach unten. Plötzlich brach ein größerer Teil des Daches ein und das gleichmäßige Poltern brach in diesem Feuerwirbel wie abgeschnitten ab.

Curro erstarrte.

Die Todesangst, die ihn eben noch an die Stelle gefesselt hatte, wandelte sich in nackten Wahnsinn. Er verdrehte die Augen, bis fast nur noch das Weiße darin zu sehen war, und dann lief er los.

Er stolperte über Balken und Bretter, lief mitten durchs Feuer, trat auf etwas Weiches und prallte mit seinem ganzen Gewicht auf das halb verbrannte Tor, das mit einem gequälten Laut aufsprang und den Weg endlich frei machte. Ohne seine Umgebung wahrzunehmen oder gar auf Rufe zu hören, lief er immer schneller, bis er seine volle Geschwindigkeit erreicht hatte, in die Nacht hinein und ließ den Ort des Grauens hinter sich zurück.

2. In der Fremde

Es war Spätsommer geworden.
Curro wusste nicht, wo er sich befand. Er blieb nie lange genug an einem Ort, um sich heimisch zu fühlen, und eigentlich hatte er auch kein Verlangen danach. Etwas in ihm trieb ihn immer weiter. Tagsüber suchte er sich Futter und frisches Wasser und zog dabei langsam Richtung Norden. Seine Suche war manchmal mühselig. An vielen Stellen gab es nur Geröll oder kümmerliche Flechten und auch mit dem Wasser sah es oft eher kläglich aus. Er lernte seinem Geruchssinn zu trauen. Hin und wieder musste er aus einer Schlammpfütze trinken und war dann noch froh darüber, sie überhaupt gefunden zu haben. Abends suchte er sich eine geschützte Ecke und lauschte den Lauten der Nacht, denn der Schlaf mied ihn. Manchmal döste er für einen Moment ein, doch dann war er wieder hellwach, so als müsste er vor irgendwem oder irgendwas davonlaufen.
Ab und an sah er andere Tiere. Er konnte sich nicht entsinnen, jemals solchen Tieren begegnet zu sein, doch er konnte sich überhaupt an wenig erinnern. Wenn er einige von ihnen wiederholt sah und sie sich nicht um ihn kümmerten, stempelte er sie als harmlos ab. Curro war froh, dass niemand mit ihm näher zu tun haben wollte, denn er zog es vor allein zu sein. Alleinsein war jedoch nicht ungefährlich. Eines Nachts hatte er den stechenden Geruch einer Wildkatze wahrgenommen und lief mitten durchs Unterholz davon, während der enttäuschte Puma hinter ihm her fauchte.

Er bemerkte gar nicht, wie er sich selbst weiterentwickelte. Seine Kraft und Ausdauer wurden mit jedem Tag größer und seine täglichen Wanderungen ermüdeten ihn kaum. Das Alleinsein störte ihn nicht. Er schien ganz gut damit zurecht zu kommen, ja er wusste nicht einmal, dass es noch andere Pferde gab, denn er hatte auf seiner Wanderung nie welche gesehen.

Deshalb war er mehr als überrascht, als es dann doch einmal geschah.

Er hatte den Red River passiert, der trotz der Jahreszeit nur wenig Wasser führte, und war seit einigen Tagen auf riesigen Grasebenen unterwegs. Es gefiel ihm hier. Der Boden war oft recht trocken, doch es gab Täler mit grünem Gras und ab und an überquerte er einen Bach oder Fluss an dessen Ufern sich Wäldchen schmiegten.

Er beobachtete gerade ein mächtiges Tier mit gewaltigen Schaufeln auf seinem Kopf, als er fremde Geräusche zu hören meinte. Vorsichtig zog er sich etwas zwischen die Bäume zurück und beobachtete neugierig die Ankömmlinge. Sie waren plump, laut und hatten ihren Pferden Lasten aufgebürdet, wenn sie sich nicht gleich selbst von ihnen tragen ließen. Das war jedenfalls sinnvoller, da sie sich selbst nur sehr langsam fortbewegen konnten. Sie sagten ihm nichts. Ein Junge rief plötzlich etwas und galoppierte auf seinem Pferd den anderen voraus und da durchzuckte Curro etwas. Doch bevor er diese Empfindung festhalten konnte, war sie auch schon wieder davon.

Er stampfte mit dem Huf auf und schüttelte unwillig den Kopf, als wollte er den Gedanken vertreiben.

Jeder Tag war voller Abenteuer.

Er hatte Spaß daran, den Präriehunden zuzusehen. Sie waren vollkommen harmlos und sahen noch dazu unheimlich lustig aus, wie sie sich auf ihre Hinterbeine stellten um ihre Umgebung besser im Auge behalten zu können. Anfangs sahen sie in ihm eine Bedrohung und er brauchte eine Weile, um zu bemerken, dass sie vor ihm flüchteten. Doch nach einer gewissen Zeit hatten sie sich an ihn gewöhnt und beachteten ihn nicht mehr. Jeder von ihnen schien eine bestimmte Aufgabe zu haben und wusste anscheinend immer genau, was er zu tun hatte. Außerdem waren sie die besten Wächter, die man sich vorstellen konnte. Mit der Zeit lernte Curro, dass die Gefahren nicht für jeden gleich galten. Ein Adler, der bei den Präriehunden für helle Aufregung sorgte, war für ihn wohl keine Bedrohung.

Das machte ihn etwas nachlässig. Als die Präriehunde nach einer Weile mal wieder abtauchten, kümmerte er sich nicht weiter darum, bis ihn ein fernes Donnern aufschreckte. So sehr Curro seinen Kopf auch drehte, um die mögliche Gefahr zu erkennen, sah er nur eine gewaltige graue Wolke, die genau auf ihn zuzukommen schien. Er konnte keine Einzelheiten erkennen, aber dieses Etwas folgte scheinbar genau dem Weg, den er auch genommen hatte und kam rasend schnell näher.

Jetzt wurde er doch unruhig und lief davon. Die graue Wand folgte ihm weiterhin. Das Herz klopfte ihm bis zum Hals und er warf immer wieder den Kopf zur Seite, um die Wolke im Auge zu behalten. Er lief so schnell er konnte und der Boden flog nur so unter ihm dahin. Langsam schien sich der Abstand zu vergrößern und irgendwann brach er zur Seite auf einen Hügel aus und blickte sich um. Die riesige graue Wand lief weiter in seine Richtung, schien aber nicht mehr genau auf ihn zuzuhalten. Dann endlich konnte er sie genauer betrachten. Es waren gewaltige braune Tiere mit einem großen Buckel und spitzen Hörnern, die die Erde zum Beben brachten. Immer wieder waren einzelne Tiere deutlich zu erkennen, aber die meisten nahm er nur schemenhaft wahr. Das Dröhnen wurde immer lauter und brachte den Boden zum Erzittern. Curro musste seinen ganzen Mut aufbieten, um stehenzubleiben. Es war eine riesige Herde und es dauerte lange, bis die letzten von ihnen an ihm vorbei gelaufen waren.

Er wusste nicht, was diese großen Tiere aufgescheucht hatte, aber er wollte auch nicht hierbleiben, um es heraus zu finden. Von seinem Hügel aus hatte er einen guten Überblick. In der Ferne meinte er bewaldete Hügel auszumachen und beschloss, dort nach Wasser und Futter zu suchen.

Mittlerweile hatte er jedes Gefühl für Zeit und Ort verloren. Dieses Land war riesig und immer wieder reihten sich unendlich scheinende Ebenen aneinander, welche nur hin und wieder von Tälern durchzogen oder von Bergketten begrenzt waren. Im Sommer zog Curro die weiten Ebenen vor. Diese endlosen Grasflächen hatten es ihm angetan und er wurde nie müde, mit dem Wind um die Wette zu laufen. Später im Jahr, wenn es spürbar kälter wurde, lief er wieder gen Süden und überwinterte in den Tälern einer Gebirgskette, wo er vor dem eisigen

Wind geschützt war und noch genügend Futter fand, um die raue Jahreszeit zu überstehen.

Es war in so einem Tal, in dem er feststellte, dass er nicht allein auf der Welt war und es andere wie ihn gab.

Nach vielen eisigen Wochen mit viel Schnee hatte das Frühjahr gerade erst begonnen und die Sonne hatte noch nicht genügend Kraft um den Schnee schmelzen zu lassen. Es sollte noch ein paar Tage dauern, bis die Bäume ihre ersten Blätter austrieben, und bis dahin würde es das kraftlose Grün aus dem letzten Jahr tun, das man an manchen Stellen freilegen konnte. Ein kleiner Bach rauschte über sein steiniges Bett und verschluckte alle anderen Geräusche.

Curro, der gerade seinen Durst löschte, glaubte trotzdem etwas gehört zu haben und lauschte mit gespitzten Ohren in die Richtung. Eine Bewegung am Rande der Lichtung ließ ihn nervös schnauben.

Vor ihm traten ein paar Vierbeiner aus dem Halbschatten der Bäume und kamen zögerlich näher ans Wasser. Es war erst das zweite Mal, dass Curro andere Pferde sah, und sie sahen denen, die mit den Zweibeinern lebten, sehr ähnlich.

Sie hatten kleine Köpfe mit großen, lebhaften Augen, die ihn jetzt neugierig ansahen. Ihr Körperbau wirkte gedrungen und die Schultern und Beine waren mit ausgeprägten Muskeln versehen.

Am meisten fiel ihm jedoch ihr Fell auf. Sie hatten nämlich alle unterschiedliche Farben. Hatte er auf den ersten Blick noch geglaubt, dass die Sonne im Halbschatten Muster auf ihre Körper zauberte, so sah er jetzt mit Erstaunen, dass sie sich deutlich voneinander unterschieden. Jedes von ihnen hatte verschiedene Zeichnungen an allen nur denkbaren Körperstellen. Ihr Fell war braun, weiß und auch schwarz, doch meistens schien es aus einem Zusammenspiel mehrerer Farben zu bestehen. Das hatte er bei sich noch nicht bemerkt und es verwirrte ihn.

Die anderen Pferde kamen nun näher und fingen an zu trinken. Eines von ihnen, ein Brauner mit kräftiger Mähne und auffallenden weißen Flecken um das linke Auge, kam auf ihn zu und betrachtete ihn von allen Seiten.

„Du bist keiner von uns", stellte er schließlich fest.

„Von wo kommst du?"

Curro schnaubte leise. Er wusste ja nicht, dass er jede Erinnerung an sein früheres Leben verloren hatte. Für sich selbst war er immer schon allein durchs Land gezogen und das sagte er ihm auch.

Der Braune schüttelte verwundert den Kopf, so dass die dichte Mähne flatterte.

„Du bist immer schon allein über die Prärie geritten?" Er warf den Kopf zurück, als würde er das Gesagte dadurch besser verstehen.

„Aber du musst doch zu irgendeiner Herde gehört haben?" Der Braune wies auf seine Begleiter.

„Wir alle sind im Schutz einer Herde groß geworden, bei unseren Müttern, bis wir alt genug waren, unseren eigenen Weg zu gehen."

Curros Ohren spielten nervös.

„Ich kann mich nicht an meine Mutter erinnern, vielleicht hatte ich ja nie eine?"

Der Braune wich unbewusst einen Schritt zurück.

„Mmmhh, du bist schon ein bisschen seltsam."

Ein Schecke drängte sich vor. Sein Fell sah aus, als hätte ihn jemand mit Lehmklumpen beworfen, doch nur auf einer Seite, wie Curro erstaunt feststellte. Die andere Körperhälfte hat eher größere Flecken von derselben Farbe, welche ihm ein wildes Aussehen gaben.

„Er ist keiner von uns. Wen kümmert es, wer er ist?"

Der Braune schnaubte unwillig und zeigte mit dem Kopf in Richtung seines Gefährten.

„Das ist Präriewind, einer der schnellsten von uns. Aber leider spricht er auch immer so schnell wie er läuft, ohne vorher nachzudenken."

Der Schecke warf entrüstet den Kopf zurück, doch der Braune beachtete ihn nicht mehr.

Curro war von dem Verhalten untereinander etwas befremdet, doch dann siegte wieder seine Neugier.

„Und was ist mit euch? Gibt es noch mehr dort, wo ihr herkommt?"

Der Braune sah ihn zweifelnd an, so als überlegte er, ob die Frage ernst gemeint war.

„Du bist wirklich unwissend wie ein Fohlen. Natürlich gibt es noch mehr von uns, sogar noch viel mehr." Er sah zu den anderen, um sich zu vergewissern, dass sie ihn hören konnten.

„Doch die großen Herden bestehen fast nur aus weiblichen Tieren und ihren Jungen, da die heranwachsenden Hengste die Herde irgendwann verlassen müssen. Diese wird nur von einem großen Hengst angeführt und das ist der Leithengst. Wenn ich alt genug bin, werde ich eine richtige Herde anführen. Nicht nur so eine kleine Gruppe Gleichaltriger."

Der Schecke gab ein kurzes Wiehern von sich, das man mit etwas gutem Willen als Bestätigung nehmen konnte. Der Braune ignorierte den Einwurf und warf einen flüchtigen Blick über das kleine Tal.

„Einen guten Platz hast du dir hier gesucht, das scheinst du ja wenigstens zu können. Von mir aus kannst du auch hierbleiben. Wir haben weiter oben ein paar Täler in denen wir überwintern. Lass dich da aber besser nicht blicken, wir mögen keine ungebetenen Gäste."

Er drehte sich abrupt um und lief an seinen Begleitern vorbei, ohne sich noch einmal umzudrehen und ohne getrunken zu haben. Die anderen sahen ihn kurz an und folgten dem Braunen dann auf seinem Weg durch den lichten Wald. Der Schecke warf ihm noch einen hochnäsigen Blick zu und zeigte ihm dann die kalte Schulter.

Curro war beeindruckt.

Er hatte viel Neues gehört und brauchte Zeit, um über das Gesagte nachzudenken. Er war nicht allein auf dieser Welt, aber das hatte er ja schon vorher gewusst. Die anfängliche Freude, auf Artgenossen gestoßen zu sein, wich der Ernüchterung über ihre Überheblichkeit. Gut, vielleicht waren sie alle ein oder zwei Jahre älter, aber er bezweifelte, dass einer von ihnen so schnell war wie er, oder so viel von der „Prärie", wie der Braune es nannte, gesehen hatte. Er war ohne sie wohl besser dran und er brauchte sie auch nicht.

Die nächsten Tage kamen ihm nun allerdings ziemlich

langweilig vor. Bis jetzt war er sich immer selbst genug gewesen, doch nun musste er feststellen, dass es nicht mehr dasselbe war. Seine Gedanken schweiften doch wieder in eine Richtung und seine Neugier nach den anderen war noch lange nicht befriedigt. Die Tage wurden nun ganz zögerlich etwas wärmer und die Rufe der Vögel erfüllten ihn mit einer inneren Unruhe. Eines Morgens, die Sonne war gerade aufgegangen und schien über die ersten grünen Triebe der Bäume, beschloss er, sich die anderen Täler einmal anzusehen. Der Braune hatte ihn zwar aufgefordert diese Gegend zu meiden, aber Curro wollte sich nichts verbieten lassen und zumindest konnte er ja sagen, dass er das Gebiet nur durchqueren wollte. Er trank noch etwas von dem eiskalten Wasser aus dem Bach und dann trabte er los. Den Weg bis zum Ende des Tals kannte er, aber danach begann wieder einmal Neuland für ihn.

Vorsichtig setzte er seine Schritte und achtete genau auf fremde Gerüche oder Geräusche. Es war früh am Tag und die Natur strahlte noch etwas von der Ruhe aus, die er so liebte.

Curro suchte sich einen Pfad durch das lichte Wäldchen und wich einem gestürzten Baumriesen aus. Ein Eichhörnchen fühlte sich wohl gestört und flüchtete mit einem Protestruf in die Krone einer Fichte. Langsam, um es nicht weiter aufzuschrecken, ging er den Hang hinab. Das Tal war deutlich größer als seines und wand sich zwischen den Hängen entlang bis zum Ende seines Blickfeldes. Von Bäumen fast vollständig umschlossen, gab es einen See, in dessen Mitte ein Biberpärchen schwamm. Das Ufer war an einer Stelle frei zugänglich und der schlammige Boden zeugte davon, dass hier viele Tiere ihren Durst gestillt hatten. Doch die anderen Pferde konnte er bisher nicht ausmachen. Langsam legte er seine Zurückhaltung ab und lief über die offenen Flächen, statt sich so eng wie bisher an den Waldrand zu halten. Um das langgestreckte Tal zu durchqueren, brauchte er eine ganze Weile, aber bis auf ein paar Hasen, die bei seinem Anblick ins Dickicht flüchteten, war er allein.

Vielleicht hatten sie ihre Wanderung Richtung Norden auch schon aufgenommen und waren bereits zurück in der Prärie?

Curro wusste nicht was sie für Pläne hatten, aber mit einem Mal fühlte er sich allein.

Schon die anderen Pferde nur in seiner Nähe zu wissen, hatte ihn die kalten Nächte leichter ertragen lassen und er wollte sich nicht eingestehen, dass er unbewusst immer wieder an sie gedacht hatte.

Enttäuscht stampfte er mit dem rechten Huf auf.

Er wollte gerade umdrehen, als sein Blick auf etwas fiel, was hier nicht herzugehören schien.

Es waren Baumstämme, die am Ausgang des Tals zu einer Art Zaun aufgeschichtet waren, auch wenn Curro den Sinn und Zweck eines solchen Unterfangens nicht begreifen konnte. Was dahinter lag, war nicht zu erkennen, doch müsste der Zaun ihm ungefähr bis an die Brust reichen.

Er war nun wieder vorsichtiger geworden und nutzte den Waldrand um sich langsam zu nähern. Doch auf einmal hielt er inne.

Sein empfindlicher Geruchssinn hatte etwas

wahrgenommen, schwach zwar nur, aber doch unverkennbar. Diesen Geruch kannte er und er würde ihn auch so schnell nicht vergessen. Als er zum ersten Mal auf andere Pferde gestoßen war, hatte es genauso gerochen. Allerdings war es nicht der Geruch der Pferde, sondern vielmehr der ihrer zweibeinigen Herren gewesen, an den er sich so gut erinnern konnte.

Curro spürte wie Panik in ihm aufstieg und seine Neugier kämpfte mit dem starken Instinkt zu fliehen.

Endlich holte er ein paarmal tief Luft und versuchte sich zusammenzunehmen. Dann hatte er sich wieder in der Gewalt und bemühte sich, seine Umgebung genau wahrzunehmen.

Seine Ohren spielten aufgeregt hin und her, während er immer wieder seinen Kopf drehte, um mit den seitlichen Augen jedes Detail vor ihm auszumachen.

Nichts.

Einfach nur Stille.

Doch plötzlich zuckte er erschrocken zusammen und verharrte dann still, als wäre er zu Eis erstarrt.

Er hatte deutlich das Scharren eines Hufes gehört.

Da!

Schon wieder und dann krachte es, als hätte jemand mit aller Kraft gegen einen Baumstamm getreten.

Curro stand nahezu unsichtbar hinter einer dichten Buschgruppe und war zudem auch noch ein ganzes Stück von den Baumstämmen entfernt.

Die Anspannung hatte ihn gepackt und er atmete stoßweise, als würde er galoppieren. Er konnte nun erkennen, dass es sich um eine Art Zaun handelte, und auch wer dahinter gefangen gehalten wurde. Die anderen Mustangs waren nicht losgezogen, um die Prärie zu erreichen. Sie waren hinter diesen Baumstämmen und es mussten die Zweibeiner sein, die sie hier festhielten.

Von irgendwo seitlich vor ihm vernahm er jetzt eine eintönige Melodie und nach einer Weile sah er seinen Verdacht bestätigt, als er einen noch nicht ausgewachsenen Zweibeiner ausmachen konnte, der diese Töne einem Stück Schilfrohr zu entlocken schien.

Die Melodie wirkte wohl beruhigend auf die Mustangs, denn die Geräusche hörten nun wieder auf und es wurde so ruhig wie zuvor.

Der Junge setzte sich wieder ins Gras und entschwand damit aus Curros Gesichtsfeld.

Der zögerte plötzlich.

Etwas aus seiner Vergangenheit drängte wieder zur Oberfläche, aber immer wenn er glaubte, den Gedanken greifen zu können, löste er sich in nichts auf.

Es musste dieses Flötenspiel sein, das so eine große Wirkung auf ihn hatte, denn es zog ihn fast magisch an.

Curro schüttelte unzufrieden mit sich den Kopf.

Er hatte anderes zu tun, als irgendwelchen Gedanken und Erinnerungen nachzuhängen.

Zögernd, als würde ihn sein eigener Mut überraschen, ging er auf den Zaun zu und endlich sah er Köpfe über den Baumstämmen auftauchen.

Es waren die Jungpferde, die ihn in seinem Tal am Bach überrascht hatten.

Deutlich war der Braune mit der weißen Zeichnung am linken Auge zu erkennen. Wahrscheinlich hatte er mit seinen Hinterbeinen gegen die Stämme getreten, überlegte Curro. Doch der Zaun war wohl so stabil wie er aussah. Da war nichts zu machen.

Erst einmal musste er überlegen, was das alles bedeuten sollte, und vielleicht wurde er in den nächsten Tagen schlau aus der ganzen Sache.

Der junge Zweibeiner sprach eine Weile mit ruhiger, nicht unangenehmer Stimme zu den Pferden, bevor er wieder mit dieser einprägsamen Melodie zu spielen anfing.

Curro nutzte den Moment, um sich langsam von den Baumstämmen zu entfernen, doch er merkte sehr wohl, dass er auch dabei immer weiter auf die Töne lauschte.

In seinem Tal angekommen, fand er keine Ruhe.

Die Sache beschäftigte ihn. Mochte der Braune auch nicht besonders freundlich zu ihm gewesen sein, fand er diese Strafe doch nicht gerecht. Allerdings hatte er auch keine Vorstellung, was er daran ändern konnte, und grübelte den ganzen Nachmittag vor sich hin.

Da er nie lange stillstehen konnte und ihn das ganze Nachdenken viel zu unruhig machte, beschloss er, die anderen Pferde wenigstens zu beobachten, wenn er schon nichts für sie tun konnte.

Vielleicht würde ihm dann etwas einfallen.

3. Die Befreiung

Die nächsten paar Tage gingen schnell vorbei und waren unheimlich aufregend.

Curro hatte einen Weg durch den Wald gefunden, der es ihm ermöglichte, sich dem Zaun von hinten zu nähern, ohne dass ihn jemand dabei sehen konnte. Er hatte sich mittlerweile auch deutlich näher an die anderen Pferde heran getraut, aber keines von ihnen hatte ihn bisher bemerkt. Es war, als hätten sie ihre Energie und Lebensfreude in der Freiheit zurückgelassen, denn sie standen oft nur mit hängenden Köpfen nebeneinander und blickten höchsten auf, wenn die Melodie wieder ertönte. Curro beneidete sie dafür und bedauerte sie gleichzeitig.

Er wusste, dass er nicht einfach davonlaufen würde und so passte er genau auf, was alles geschah.

Die Zweibeiner ließen immer nur einen oder zwei der jungen Burschen an den Baumstämmen zurück, an die sich die Pferde wohl gewöhnen sollten. Es kamen zwar auch mal andere vorbei und dann lachten sie viel und zeigten auf einzelne Pferde, doch meistens waren es nur die beiden gleichen Menschenwesen, die ihre Tage hier verbrachten.

Curro betrachtete sie immer wieder aus sicherer Entfernung. Ihr Haar war schwarz und es fiel ihnen lang über den Rücken. Ihre Füße waren wie ihr Körper von fester Kleidung umhüllt. Wahrscheinlich brauchten sie das, überlegte Curro, da sie kein wärmendes Fell hatten wie er. Ihren Gang fand er langsam und ungelenk. Kein

Wunder, dass sie sich am liebsten auf dem Rücken eines Pferdes vorwärts bewegten.

Irgendetwas an ihnen kam ihm merkwürdig vertraut vor, so als wären sie ihm gar nicht fremd und er könne sich nur nicht an sie erinnern. Aber so sehr er es auch versuchte, es wollte ihm nicht einfallen und schließlich gab er diesen Gedanken auf.

Der Zaun aus Baumstämmen konnte an einer Stelle geöffnet werden. Allerdings geschah das nur einmal am Tag, wenn sie Wasserbehälter in der Umzäunung abstellten. Und auch dann ging immer nur einer der Wächter hinein, während der andere genau aufpasste und schnell einen Balken vorlegte, wenn sich eines der Pferde dem Tor näherte. Die anderen Pferde schenkten dieser Stelle, wenn sie geschlossen war, keine besondere Aufmerksamkeit. Doch Curro wurde von ihr magisch angezogen, wie von grünem Gras in einem ausgedörrten Landstrich.

Diese Konstruktion kam ihm bekannt vor, doch er konnte beim besten Willen nicht sagen woher. Nachts ließen die Zweibeiner ein kleines Feuer am Tor brennen und davor hatte er fast noch mehr Angst als die anderen Pferde, die sich dann stets auf die andere Seite ihres umzäunten Geländes drückten.

Curro brachte viele Stunden damit zu, dem Treiben zuzusehen, doch er war einer Lösung immer noch genauso fern wie am Anfang.

Die Tage wurden indessen unmerklich wieder länger und auch die Sonne schien mehr Wärme zu verbreiten als noch vor zwei Wochen.

Langsam gewöhnte er sich an die Anwesenheit der Zweibeiner, auch wenn jetzt während des Tages immer häufiger andere hinzu kamen, um die Pferde näher zu betrachten, so dass er sich in dieser Zeit nicht mehr so dicht herantraute.

Er hatte inzwischen für sich einen neuen Unterschlupf gefunden, der den Vorteil hatte, wesentlich näher an diesem Tal zu liegen. So war es ihm möglich auch nachts oder, wenn er wollte, frühmorgens anwesend zu sein. Doch eigentlich verpasste er nicht viel, denn die Tage verliefen vollkommen eintönig.

Und dann kamen die Wölfe.

Curro hatte bis dahin noch nie einen Wolf gesehen. Er hatte auf der freien Prärie ihr furchtbares Geheul gehört und bei diesem schaurigen Geräusch gezittert, doch er hatte keinem von ihnen je gegenübergestanden. In diesen Tälern hatte er noch nie ihren Ruf vernommen und sich keine Sorgen wegen ihnen gemacht. Damit war es nun also vorbei.

Es war in einer klaren Vollmondnacht, als er das nervenaufreibende Heulen wieder vernahm und Curro fürchtete sich. Er würde es sich nicht selbst eingestehen, aber sein linkes Bein zitterte und er spürte die Angst wie einen Kälteschauer über seinen Körper wandern. Er schüttelte ärgerlich über sich selbst den Kopf und folgte dann einem unerklärlichen Gefühl, welches tief aus seinem Inneren zu kommen schien, als er in Richtung der aufgeschichteten Baumstämme lief. Allein zu sein, erschien ihm jetzt vollkommen falsch. Den Weg hatte er in den letzten Tagen so oft hinter sich gebracht, dass er ihn auch bei Nacht fand, ohne sich durch das Knacken von Ästen zu verraten.

An der Palisade standen die beiden Jungen am Feuer, welches nun höher brannte als gewöhnlich.

Wahrscheinlich hatten sie den Flammen mehr Nahrung gegeben, denn auch wenn Curro eine geradezu unerklärliche Angst davor hatte, faszinierte ihn der helle Schein doch auf eine ganz eigene Weise, ohne dass er es hätte beschreiben können.

Die Baumstämme bildeten keine geschlossene Wand, sondern stellten eine Art starken Zaun dar, durch dessen Löcher die Flammen wilde Muster auf die Pferde warfen. Sie waren unruhig.

Curro konnte ihre Unruhe deutlich spüren. Er war so dicht an der vom Feuer abgewandten Seite, dass er den Stamm an seinem Körper spüren konnte und einzelne Pferde genau erkennen konnte. Der Braune drängte die anderen Pferde in die Mitte des umzäunten Platzes, um jede Gefahr rechtzeitig zu bemerken. Doch unter normalen Umständen hätten sie ihr Heil in der Flucht gesucht und jetzt fühlten sie sich ausgeliefert. Die beiden Zweibeiner hatten noch mehr Äste in das Feuer gestoßen und sahen gespannt in die Richtung, aus der das Geheul kam. Sie standen eng beieinander und achten sehr darauf, nicht zu weit aus dem hellen Schein der Flammen zu geraten.

Das Heulen kam immer dichter.

Curro konnte nicht sagen, wie viele es waren, doch es klang nach einem großen Rudel. Er wagte nicht, sich zu bewegen, und atmete möglichst flach, während seine Augen und Ohren die Dunkelheit vor ihm zu durchdringen versuchten. Immer wieder sah er dabei aufmerksam zu den Zweibeinern herüber.

Schneller Pfeil, der größere der beiden Knaben, hatte zu seiner Kriegskeule gegriffen und war einen Schritt weiter in die Dunkelheit gegangen. Er hatte Angst, doch das Gewicht seiner Waffe, mit dem eiförmigen Stein am Ende, gab ihm Kraft. Außerdem war er ein halbes Jahr älter als sein Freund, Kleiner Fuchs, und fühlte sich für ihn verantwortlich.

Plötzlich raschelte es links vor ihnen. Sie drehten sich beide vom Zaun weg und Kleiner Fuchs warf einen brennenden Ast in die Richtung. Ein erschrockenes Kläffen ertönte, das in ein Jaulen überging, und dann zog sich das Geräusch noch etwas weiter nach links vom Zaun zurück. Ein weiteres Knacken von Ästen kündigte den nächsten Wolf aus dieser Richtung an.

Schneller Pfeil hatte sich ebenfalls einen brennenden Ast gegriffen und lief ein paar Meter vor, wobei er schrille Rufe ausstieß. Der brennende Ast gab der Dunkelheit plötzlich Konturen und er konnte deutlich mehrere Augenpaare erkennen, die ihn aus der Finsternis anstarrten.

Kleiner Fuchs hatte zu ihm aufgeschlossen und warf eine weitere Fackel zwischen die Wölfe, die erschrocken zurückzuckten. Ein Wolf, größer als die anderen, schlich sich wieder näher heran, doch da sprang Schneller Pfeil vor. Seine Keule schwang durch die Luft und verfehlte den Räuber nur um Haaresbreite, woraufhin sich dieser sofort davonmachte.

Nun gab es für die beiden kein Halten mehr. Mit einem anfeuernden Kriegsruf auf den Lippen stürmten sie den Angreifern hinterher. Sie waren jung und ihre ungeheure Anspannung und Angst entlud sich in einem plötzlich einsetzenden Rausch. Die Wölfe hatten sie angreifen wollen und jetzt würden sie die ihnen anvertrauten Pferde verteidigen und sich als Krieger beweisen.

Die herabhängenden Äste der Bäume peitschten ihnen ins Gesicht und Zweige brachen unter ihrem Gewicht, als sie in wilder Verfolgung durch den Wald liefen. Wenn es ihnen gelang, einen oder gar mehrere Graue zu töten, würden die erwachsenen Krieger ihnen erlauben, die Wolfsohren um den Hals zu tragen und das Fell würde vor dem Zelt hängen und jedem anzeigen, dass hier ein erfolgreicher Jäger wohnte. So stürmten sie den Wölfen hinterher und die Anspannung ließ das Blut in ihren Ohren rauschen und ihr Mut als Krieger machte sie unbezwingbar.

Keiner der Wölfe griff sie an. Alle liefen weiter in den Wald hinein und die beiden Knaben schrien ihnen ihr Triumphgeheul hinterher. Ihre Fackeln verbreiteten nicht mehr allzu viel Helligkeit und ihr Atem ging schwer, als sie endlich von der Verfolgung abließen.

Sie hatten keinen der Angreifer töten können, doch die Wölfe würden es sich sehr genau überlegen, ob sie sich noch einmal an sie heranwagen würden.

Keuchend lehnten sie sich an den mächtigen Stamm einer Eiche und lauschten dem Geräusch der davonlaufenden Wölfe.

Schneller Pfeil versuchte seinen Atem zu beruhigen und

genoss das Glücksgefühl, das seinen Körper durchströmte.

Kleiner Fuchs war ebenfalls völlig aufgedreht und schrie seinen Kampfesmut, durchmischt mit seiner Erleichterung, zum Mond hinauf, der wie eine unbewegliche Scheibe am nächtlichen Himmel stand.

Schneller Pfeil klopfte ihm auf die Schulter und atmete ein paar Mal tief ein.

Die klare Nachtluft schmeckte wundervoll und nach der ausgestandenen Gefahr fühlte sich alles irgendwie leicht an.

Und dann war da plötzlich ein Gefühl, welches ihm sagte, dass irgendetwas nicht so war, wie es sein sollte.

Ein Gefühl, das einsetzte, bevor seine Ohren auch nur einen Laut vernommen hatten.

Sein Blick ging unwillkürlich in Richtung des Geheges und dann zurück auf das Gesicht seines Freundes, das plötzlich so bleich wie der Mond wirkte.

Die Erkenntnis traf sie unvorbereitet und stand ihnen in den Mienen, ohne dass ein Wort es hätte ausdrücken können.

Sie waren keine siegreichen Krieger, sondern jung und unerfahren.

Die Wölfe, welche sie glaubten verjagt zu haben, hatten im Gegenzug sie überlistet und vom Gehege weggelockt.

In der plötzlichen Ruhe war deutlich das Stampfen und Wiehern ihrer Schützlinge zu hören, die vor Angst völlig von Sinnen sein mussten.

Schneller Pfeil ließ die Fackel fallen, welche nur noch schwach glimmte und lief los. Seine Rechte umkrampfte die Keule so fest das es wehtat, während er mit der Linken die peitschenden Zweige abwehrte.

Curro hatte den schützenden Angriff der beiden mit angesehen, doch dann brach das Rudel über die eingesperrten Pferde herein.

Er wusste nicht, was er tun sollte. Alles in ihm drängte zur Flucht, doch er zögerte noch. Lauschte, tänzelte und fand doch keinen Ausweg. Er konnte doch nicht so davonlaufen!

Vor ihm huschte etwas entlang. Ein langgestreckter, grauer Körper glitt wie ein Schatten an ihm vorbei. Curro war zu Tode erschrocken. Seine Augen verdrehten sich und plötzlich entlud sich die angestaute Anspannung und Angst in etwas, das er nicht länger kontrollieren konnte. Curro stieg hoch, schlug mit den Vorderbeinen nach dem Gegner und brach dann durch die Büsche und Bäume entlang der Palisade. Von der Seite kam ein weiterer Schatten geflogen, aber er war im vollen Lauf und trampelte den Grauen nieder.

Im Innern des Zaunes kämpften seine Artgenossen um ihr Leben und es war unmöglich Einzelheiten zu erkennen. Curro galoppierte auf das Tor zu, ohne zu wissen, was er in diesem Moment tat. Er geriet in den Randbereich des Feuers, dessen Flammen einen Hitzeschild vor den Eingang legten, und seine Hufe ließen die Funken durch die Luft wirbeln. Schließlich prallte er frontal auf das Tor, welches in seinen Grundfesten erschüttert wurde und drehte sich sofort um, um den vermeintlichen Gegner seine Hufe spüren zu lassen. Seine Hinterbeine donnerten gegen die Bohlen und rissen die beiden oberen auf der einen Seite aus ihrer Verankerung.

Dann zwängte er sich durch die Reste des Eingangs, ohne irgendetwas zu spüren, und nahm die beiden Stämme mit einem letzten Ruck mit ins Innere des Geheges.

Hier herrschte das blanke Chaos. Die Pferde hatte jede Ordnung aufgegeben und jedes kämpfte für sich allein. Sie liefen hilflos hin und her, wieherten und konnten dem Grauen doch nicht entkommen.

Curro stürmte wie eine Naturgewalt in diesen engen Raum aus miteinander verkeilten Jägern und Gejagten. Die Wölfe hatten schon ein Pferd in die hintere Ecke getrieben und zu Boden gerissen und kreisten gerade zwei andere ein, als Curro das Durcheinander zu einem neuen Höhepunkt steigerte. Er nahm keine Rücksicht darauf, wer ihm in den Weg kam, und er kannte keine Freunde oder Feinde. Er sah nur Schatten und ein jeder war für ihn ein Gegner, den es aus diesem Gehege zu treiben galt. Curro biss und trat um sich, versperrte flüchtenden Pferden den Weg und zwang ihnen schließlich seinen Willen auf. Es blieb ihnen nur noch ein Ausweg aus diesem Hexenkessel und das war die nur noch halb so hohe Eingangspforte, hinter der immer noch das Feuer brannte.

Schneller Pfeil war als erster wieder am Zaun angelangt und sah die eingesperrte Herde in nackter Panik auf sich zukommen. Mit einem verzweifeltem Satz brachte er sich hinter einem liegenden Stamm in Sicherheit und hoffte, dass sein Freund sich ebenfalls vor den fliegenden Hufen schützen konnte.

Neben ihm flutete die kleine Herde aus dem Gehege und riss dabei die restlichen Bohlen des Eingangs nieder. Mittendrin und hinter ihnen kamen die Wölfe, welche ihre schon sicher geglaubte Beute nicht wieder hergeben wollten, und alle bahnten sie sich ihren Weg durchs Gelände wie ein Fluss, der nach einem starken Unwetter über die Ufer tritt.

Das Letzte was Schneller Pfeil sicher sehen konnte in dieser Nacht voller Schatten und grauer Umrisse, war ein schwarzes Pferd, das die Einzäunung hinter den anderen verließ.

Es schien einen Kampf gegen sich selber zu führen und vollkommen toll zu sein, doch es trieb die Pferde vor sich her und hielt dabei jeden der Wölfe auf Distanz.

Schneller Pfeil war sich sicher, dass das Pferd schwarz war, denn die Flammen beleuchteten es für einen kurzen Moment, auch wenn er genau wusste, dass unter den eingesperrten Mustangs keiner ein vollkommen dunkles Fell hatte.

Er sah der davon galoppierenden Herde hinterher und biss sich auf die Lippen.

Fast zwei Wochen hatte er die Herde beobachtet und kannte jeden der Hengste an seinen markanten Zeichnungen auf dem Fell. Einige hatte große schwarze oder weiße Flecken, manche sahen aus, als hätte man sie mit roter oder weißer Farbe betupft, doch ein einheitlich schwarzes Fell ohne jede Zeichnung hatte er noch nicht gesehen.

Schneller Pfeil ging zu dem zertrampelten und fast völlig verlöschten Feuer hin und blies in die glühende Asche. Es war noch genug Glut vorhanden, um das Feuer wieder neu zu entfachen, und er schob die herumliegenden Äste mit dem Fuß zusammen. Nach einer Weile leuchteten die Flammen deutlich heller und er nahm einen Ast heraus und ging in das Innere des Geheges hinein.

Er ahnte, was sie erwarten würde, und sah sich im nächsten Moment bestätigt.

Die Wölfe hatten ein Pferd gerissen und es in dieser kurzen Zeit geschafft, es fast völlig zu verschlingen. Kleiner Fuchs hatte sich neben ihn gekauert und sah betrübt auf die übrig gebliebenen Reste herab, welche keine Ähnlichkeit mehr mit einem Pferd hatten.

In diesem Moment sah er wieder aus wie der sechzehnjährige Knabe, der er war, und Schneller Pfeil war froh, dass er sich vor ihm seiner Tränen nicht schämte.

Er machte sich keine Sorgen, dass sie wegen ihres Fehlers Ärger bekommen würden. Das war sein kleinstes Problem. Sicher, sein Onkel würde sich über sie lustig machen und sie mit ihrem Unglück aufziehen, denn bei ihrem Stamm wurde die unangenehmen Dinge von den Brüdern der Väter erledigt.

Sein Vater jedoch, und das war das Gute daran, würde sich nicht über ihn lustig machen, sondern ihm Mut zusprechen und ihn verteidigen. Doch eigentlich wollte er das auch nicht.

Er war nun in einem Alter, in dem man bei anderen Stammesmitgliedern und auch vor sich selbst etwas gelten wollte. Das ging jedoch nur durch kühne Taten. Wer sich auf der Jagd oder beim Kampf gegen Feinde des

Stammes hervortat, konnte Ruhm und Anerkennung gewinnen und im Rang aufsteigen. Er konnte ein angesehener Krieger werden, dessen Stimme im Rat gehört wurde und dessen Meinung etwas galt. Wer jedoch Schande auf sich lud, wurde verspottet und musste den Kriegern hinterhersehen, die zu neuem Kampf auszogen.

Schneller Pfeil schaute hilflos zu dem zunehmenden Mond empor, der kalt auf sie herabschien.

Er konnte es nicht mehr ändern.

Es ging ja nicht einmal um die Pferde. Ihr Stamm hatte hunderte von ihnen, auch wenn kein Krieger sich die Gelegenheit entgehen lassen würde, einen kräftigen Mustang zu fangen. Ihre Stammesbrüder hatten ihnen vertraut und diese Pferde in ihre Obhut gegeben und Schneller Pfeil wusste, dass sie versagt hatten.

Er machte sich selbst bittere Vorwürfe und gelobte diesen Fehler wieder gutzumachen, egal auf welche Weise. In dieser Nacht schliefen sie nicht, sondern baten die Schutzgeister um Hilfe und nur eine Eule im Baum über ihnen hörte ihren Schwur.

4. Unter Mustangs

Die Herde lief, bis sie einen freien Flecken an einem kleinen Tümpel gefunden hatte, an dem ein Angriff der Wölfe nicht mehr unbemerkt möglich war.

Die Nacht war immer noch dunkel und wurde nur spärlich von dem kalten Mondschein erhellt. Die Tiere waren völlig überreizt und körperlich erschöpft, so dass ein paar von ihnen müde den Kopf hängen ließen. Die Wölfe schienen die Verfolgung schließlich doch aufgegeben zu haben, denn auf der mit Gras bewachsenen Ebene war nichts mehr von ihnen zu sehen.

Der Braune hob immer wieder unruhig den Kopf, um nach ihrem Retter Ausschau zu halten, doch der Neuling war verschwunden und er blieb es auch bis zum Morgengrauen.

Mit den ersten wärmenden Strahlen der Sonne kam Curro zu der kleinen Herde zurück.

Er war noch weit in die Nacht hinaus galoppiert und hatte lange gebraucht, um sich wieder zu beruhigen. Nun war er erschöpft und durstig. Er trank zuerst das kühle Nass und äugte dabei neugierig zu den anderen Pferden hin. Diese kamen zögerlich immer näher und schließlich war es der Braune, der den Mut fand auszusprechen, was sie alle dachten.

„Du hast uns heute Nacht befreit und dafür schulden wir dir Dank. Ohne dich wären wir immer noch gefangen und wahrscheinlich Opfer der Wölfe geworden."

Die anderen nickten zu seinen Worten und sahen ihn aufmerksam an.

Sie bemerkten vor allem sein Fell, das komplett frei von Flecken war, also ganz anders als bei ihnen. Beim ersten Aufeinandertreffen fanden sie es ungewohnt und befremdlich, doch nun wirkte es plötzlich gar nicht mehr fremd oder gar abstoßend. Ganz im Gegenteil. Im Licht der Sonne schimmerte es tiefschwarz und irgendwie vollkommen.

Curro scharrte vor Verlegenheit mit dem rechtem Huf. „Das habe ich doch gern gemacht. Eingesperrt zu sein kam mir so falsch vor und als dann noch die Wölfe angriffen, ist es einfach passiert."

Er meinte bei einigen der um ihn herumstehenden Pferde ein Grinsen zu sehen und lächelte zurück. Mit einem Mal fiel ihm auf, wie schön es doch war, unter Artgenossen zu sein. Er wusste ja nicht mehr wie sein früheres Leben ausgesehen hatte. Für ihn begann seine Erinnerung erst, als er allein durch die karge Landschaft südlich des Rio Bravo gezogen war.

Ihm fiel auf, dass sich der Schecke abseits hielt, doch für die anderen war das Eis gebrochen und sie bestürmten ihn mit ihren Fragen. Curro erzählte ihnen von seinen Abenteuern, die er bestanden und den Dingen, die er gesehen hatte, und so ging das eine ganze Weile.

Schließlich unterbrach der Braune die Fragesteller, indem er sich nach vorn schob.

„Mein Name ist Weißauge. Du hast uns deinen Namen noch gar nicht gesagt. Wie ruft man dich?"

Curro schüttelte den wohlgeformten Kopf, so dass seine Mähne hin und her flog.

„Dein Name passt zu dir. Ich habe leider keinen Namen,

zumindest kann ich mich nicht mehr daran erinnern."
Er schnaubte bedauernd.

„Mmhhh." Der Braune sah ihn prüfend an.

„Ohne Namen kannst du nicht bleiben. Irgendwie müssen wir dich ja auch rufen."

Weißauge scharrte nachdenklich mit seinem linken Huf etwas Erde weg.

Plötzlich zuckte sein Kopf hoch und er bewegte die Ohren vor Erregung vor und zurück.

„Ich hab einen für dich. Wir werden dich Schattenfell nennen. Das ist ein guter Name!"

„Schattenfell?"

Curro lauschte dem Namen hinterher.

Er klang gut, das musste er schon zugeben und es stimmte schon, dass er ja einen Namen haben musste.

„Ich kannte mal einen komplett schwarzen Hengst, als ich noch ganz klein war. Er war damals der Leithengst unserer Gruppe."

Curro wieherte laut um seine Verlegenheit zu überwinden.

„Schattenfell", murmelte er halblaut und dann rief er den Namen so laut er konnte, wobei einige der anderen Pferde erschrocken ein paar Schritte zurückwichen.

„Mein Name ist Schattenfell!"

Weißauge sah ihm lächelnd zu.

Durch den Namen fühlten sie sich plötzlich miteinander verbunden, so als würde erst dieses Detail eine Grenze zwischen ihnen verwischen.

Und Unterschiede gab es, das konnte jeder deutlich sehen.

Schattenfell unterschied sich nicht durch die Größe. Es war eher sein Körperbau, welcher bei genauer Betrachtung ins Auge fiel.

Seine Muskeln zeichneten sich unter dem dunklen Fell deutlich ab, doch wirkten sie in der Schulter und auch im Rückenbereich nicht so massig wie bei den Mustangs. Er konnte es, und das würden sie bald merken, an Schnelligkeit jederzeit mit ihnen aufnehmen, doch seine eigentliche Stärke war seine einzigartige Ausdauer. Das alles konnte man ihm durchaus ansehen.

Weißauge freute sich, seinem neuen Freund mit diesem Namen einen Gefallen getan zu haben.

„Jetzt sollten wir erst mal etwas fressen, um Kraft zu sammeln und dann zuzusehen, dass wir ein bisschen Abstand zwischen uns, die Wölfe und die Zweibeiner bringen. Hier scheint es mir nicht sicher genug."

Er drehte sich um, doch die anderen Pferde warteten, was Schattenfell machen würde, und erst als er hinter Weißauge hertrabte, schlossen sie sich ihnen an.

Schattenfell hatte keine Ahnung, warum sie das machten, genau so wenig wie er die Ordnung und die Abläufe in der Herde wirklich verstand.

Bisher hatte Weißauge die kleine Herde, die knapp dreißig junge Hengste umfasste, geführt, doch es führte immer das stärkste und erfahrenste Tier und diese Rechnung schien seit heute Nacht nicht mehr zu stimmen. Doch Schattenfell machte keine Anstalten, etwas an den bestehenden Regeln zu ändern. Er war einfach noch erschöpft und gleichzeitig froh, seine bisherige Rolle als Einzelgänger gegen einen Platz in einer ganzen Herde von

Gleichgesinnten eingetauscht zu haben.

Da er von einer Rangfolge innerhalb dieser Herde nichts wusste und gar kein Anführer sein wollte, behielt der Braune also kampflos seine Stellung als Leithengst und Schattenfell rückte, ohne anfangs davon etwas zu ahnen, an die zweite Stelle auf. Der Einzige, der ihm diese Stellung, von der er gar nicht wusste, dass er sie überhaupt inne hatte, neidete, war der Schecke.

Schattenfell verstand nicht ganz, was ihn trieb, denn Neid und Missgunst waren ihm fremd, aber bisher hatte der Schecke sich wohl als die Nummer zwei verstanden und war über diese Neuentwicklung in der Herde wenig erfreut.

Schattenfell ließ sich von der Abneigung jedoch nicht die Laune verderben, zumal alle anderen Pferde ihn nach dieser Nacht voller Dankbarkeit aufnahmen.

Es folgten wunderschöne Tage.

Der Frühling kehrte nun mit aller Kraft zurück und mit der immer kräftiger scheinenden Sonne gab es auch wieder Nahrung im Überfluss. Die Prärie hatte sich innerhalb weniger Tage in ein wogendes, grünes Meer aus Gräsern verwandelt und Vögel zogen durch den blauen Himmel und sangen ihr Lied. Ihre vom Winter doch etwas abgemagerten Körper wurden wieder runder und kräftiger und mit der Kraft kehrte auch der Übermut zurück.

Schattenfell hatte sich bisher allein an den Präriehunden erfreut oder mal ein Stachelschwein geneckt, ohne ihm natürlich zu nahe zu kommen. Doch mit einer ganzen

Herde von Jungpferden, die nicht wissen wohin mit ihrer Kraft, war es freilich etwas ganz anderes. Sie liefen um die Wette, sie rangen spielerisch miteinander, um zu sehen, wer der Stärkste von ihnen war und rollten sich sogar einen steilen Hang hinunter, so dass man unten angekommen sehen musste, welches Körperteil eigentlich zu wem gehörte.

Sie machten sich einen Spaß daraus, sich bei den Präriehunden anzuschleichen und dann in vollem Galopp auf sie zuzulaufen, und sie wunderten sich jedes Mal, wie schnell die wieselflinken Nagetiere in ihrem Bau verschwunden waren, nur um dann kurz darauf wieder schimpfend aus ihren Löchern aufzutauchen. Sie liefen durch Flüsse, dass das Wasser nur so nach allen Seiten spritzte, und ganz besonders liebte Schattenfell die ausgedehnten Staubbäder, nach denen man gar nicht mehr wusste, wen man eigentlich vor sich hatte, da alle einheitlich grau waren.

Es waren wunderschöne, unbeschwerte Tage und Schattenfell konnte sich überhaupt nicht mehr vorstellen wie es gewesen war, immer nur für sich allein durch die Wildnis zu streifen.

Weißauge und er hatten Freundschaft geschlossen. Er verstand sich mit allen anderen Pferden ihrer kleinen Herde auch gut, aber mit Weißauge war es etwas besonderes. Sie verbrachten fast die ganze Zeit zusammen und liefen meist nebeneinander her, was der Braune sonst bei keinem anderen geduldet hätte. Sie sehr sie sich auch im Aussehen unterschieden, waren ihre Ansichten doch oft verblüffend ähnlich, egal ob es um den

Lagerplatz oder den Weg zu neuen Futtergründen ging. Im Juni, als es bereits in weiten Teilen der südlichen Prärie trocken wurde, folgten sie dem Wasser und dem frischen Grün nach Nordosten. War ihre Wanderung bisher recht einsam verlaufen, trafen sie jetzt auf eine Vielzahl von anderen Tieren, die wie sie selbst dem Regen folgten. Sie sahen riesige Herden von Gabelböcken, welche mit ihren spitzen Hörnern gefährlich anzusehen waren und deren hohe Sprünge sie immer wieder erstaunten. Sie wurden jedoch von den gewaltigen Bisonherden in den Schatten gestellt, bei denen man unmöglich sagen konnte, wo sie anfingen oder wo sie endeten, da sie einfach viel zu groß waren.

Weißauge mied möglichst eine Begegnung mit ihnen und führte sie in einem weiten Bogen um sie herum. Der Schecke tat dann manchmal so, als würde er die Entscheidung missbilligen, doch damit fand er bei den anderen Pferden kaum Gehör. Sie mochten jung und wild sein, aber sie erkannten doch, wann man sich unnötig in Gefahr brachte.

Schattenfell sah vieles zum ersten Mal in seinem Leben. Am meisten erstaunte ihn die Vielzahl von anderen Pferden, auf die sie stießen. Er hatte sich bisher keine Gedanken über ihre Anzahl gemacht, aber nun kam ihm ihre Gruppe von Junghengsten richtiggehend klein vor. Ihm fiel auf, dass in den anderen Herden auffallend viele weibliche Tiere mit ihren Fohlen versammelt waren, jedoch kaum ein Pferd in ihrem Alter und er fragte Weißauge danach.

„Ich vergesse immer wieder, dass du früher ein

Einzelgänger warst."

Der Braune wies mit seinem Kopf auf die Herde, die in einiger Entfernung an ihnen vorbeizog.

„Der Leithengst mag keine jungen Wilden in seiner Nähe. Sie vergessen oft, wo ihr Platz ist und fordern ihn heraus, also verjagt er sie so schnell wie möglich."

Schattenfell sog empört die Luft ein, so dass seine Nüstern fast wie Trichter wirkten.

„Er verjagt sie einfach? Aber ihre Mütter müssen doch etwas dagegen haben?"

Weißauge schnaubte belustigt.

„Die Stuten sind meist schon wieder trächtig oder haben sogar schon ein neues Fohlen, um das sie sich kümmern müssen. Außerdem sind es keine Fohlen, die verjagt werden, sondern so gut wie erwachsene Tiere. Glaub mir, die interessieren sich nicht mehr für ihre Mütter."

Schattenfell nickte nachdenklich.

„Und was machen diese Jungtiere, wenn sie erwachsen geworden sind?" Eigentlich hätte er fragen können, was machen wir, aber Weißauge verstand in auch ohne weitere Worte.

„Tja," machte er bedeutungsschwer und sah ebenfalls wieder zur Herde hinüber.

„Wenn es soweit ist, gründen wir wohl unsere eigene Herde oder wir übernehmen eine andere und vertreiben den Leithengst. Aber das werden wir dann wohl später herausfinden."

Die letzten Worte hatte er leiser gesprochen, so als würde er sie nur zu sich selbst sagen, aber Schattenfell hatte ihn trotzdem gut verstanden.

Sie hielten einen gewissen Abstand zu der Herde, dessen Leithengst sie aber weiterhin misstrauisch im Auge behielt.

„Warum läuft er eigentlich hinter ihnen her?", fragte Schattenfell erneut.

„Er ist der Anführer, müsste er sie dann nicht auch von vorne führen?"

Der Braune schüttelte kurz mit dem Kopf.

„Das habe ich mich früher auch immer gefragt. Wahrscheinlich ist es so, dass er die Verantwortung für alle hat und deshalb aufpassen muss, dass keiner zurückbleibt oder verloren geht."

Schattenfell dachte kurz darüber nach und fand diese Erklärung einleuchtend. Es war wohl schon ein ziemlicher Unterschied, ob man nur für sich denken musste oder die Verantwortung für eine ganze Herde hatte.

5. Büffeljagd

Es war nun schon über zwei Wochen her, dass ihnen das Rudel Wölfe die Pferde verjagt hatte, und zum Glück gab es andere Dinge, die ihre Stammesmitglieder bald beschäftigen.

Schneller Pfeil hätte sich in diesen Tagen am liebsten ein Versteck gesucht, um nicht länger Ziel des Spotts zu sein, der unvermeidlich auf ihn einprasselte. Die Älteren hatten sich die Bäuche gehalten vor Lachen über das Missgeschick, das ihnen widerfahren war, und einige riefen ihnen nur noch den Spottnamen Wolfsjäger hinterher.

Kurzum, die letzten Wochen waren ihm sehr lang vorgekommen.

Doch nun gab es Wichtigeres zu tun, denn die Späher hatten eine große Büffelherde ausgemacht und es gab wenig, was den Stamm mehr in Aufregung versetzte als die Aussicht auf reiche Jagdbeute.

Die Krieger holten ihre besten Mustangs, welche auf die Jagd abgerichtet waren, und stopften sich den Köcher voller Pfeile. Bis auf den Lendenschurz, legten sie alle Kleidung ab, damit die Reiter nicht durch sie behindert wurden. Ihre nackte Haut rieben sie mit Fett ein, bis sie in der Sonne glänzte.

Schneller Pfeil hatte noch nie an einer solchen Jagd teilgenommen, doch er trug seinen Namen nicht umsonst und war ein sehr guter Schütze mit dem Bogen.

Er sah erwartungsvoll zu seinem Onkel, doch tat er dabei bewusst gleichgültig, denn er wollte auf keinen Fall das man ihm seinen Herzenswunsch ansah.

Rabenfeder durchschaute in trotzdem.

„Wir jagen heute Büffel, keine Wölfe, also brauchen wir deine Hilfe wohl nicht."

Ein paar der anderen Krieger lachten und Schneller Pfeil biss sich auf die Zunge, um nichts Unüberlegtes zu sagen.

Sein Vater, Roter Hirsch, tat, als hätte er nichts gehört, und gab ihm die Zügel von einem jungen Schecken in die Hand.

Schneller Pfeil war überrascht über diese Entscheidung.

„Aber Vater, das ist dein zweitbester Mustang, den ich reiten soll."

Roter Hirsch nickte nur und sah ihm in die Augen.

„Du bist ihn schon ein paar Mal geritten und er ist dir vertraut. Auf ihm sollst du an der Jagd teilnehmen."

Schneller Pfeil spürte, wie sein Herz schneller schlug. Er würde an der Jagd teilnehmen wie ein richtiger Krieger und seinen Stamm mit Nahrung versorgen. Für einen Moment spürte er die Schwere der Verantwortung. Gleichzeitig freute er sich über die Großzügigkeit seines Vaters, denn dass er den Schecken reiten durfte, war ein großer Vertrauensbeweis. Er nahm sich vor, seinen Vater nicht zu enttäuschen. Sie verloren nicht viele Worte und machten sich überwiegend schweigend fertig, nur ab und zu ließ einer der jungen Krieger einen begeisterten Ruf ertönen.

Schneller Pfeil erlebte das alles wie in einem Tagtraum. Sein ganzes Leben hatte er auf diesen Moment gewartet und nun sollte es soweit sein. Er bemerkte, dass sich sein Freund Kleiner Fuchs ebenfalls bereitmachte und er grüßte ihn freudig mit seinem Bogen.

Auf ein Zeichen setzten sich die Jäger in Bewegung und verließen das Dorf in Richtung Norden.

Sie folgten den Spähern, welche die Bisonherde unablässig beobachteten und immer wieder über Boten ihren Standort mitteilen ließen.

Ihre Pferde gingen im schnellen Schritt, denn es wäre unklug, sie vor der Jagd zu sehr zu erschöpfen. Schneller Pfeil ritt mit seinem Freund, Kleiner Fuchs, am Ende ihrer Gruppe und die Ungeduld zerrte an ihren Nerven. Immer wieder überprüften sie ihre Bögen und hielten dabei ständig nach ersten Anzeichen der Herde Ausschau und wenn sich ihre Blicke dabei trafen, mussten sie beide über sich lachen. Es kam ihnen unendlich lange vor, bis sie endlich in das Gebiet gelangten, in denen die Büffel zuletzt gesehen wurden, dabei waren sie kaum drei Stunden unterwegs gewesen.

Der vordere Teil der Gruppe stockte plötzlich und dann konnten auch sie den dunklen Punkt in der Ferne erkennen, welcher sich beim Näherkommen als einer ihrer Krieger entpuppte.

Steppenwolf, einer ihrer besten Späher, brachte sein Pferd vor ihnen zum Stehen und zeigte nach Nordosten.

„Die Büffel grasen in einem langgestreckten Tal, knapp außerhalb unserer Sichtweite. Die Herde ist unruhig. Letzte Nacht haben sich Wölfe einige Kälber geholt. Wir müssen also vorsichtig sein."

Roter Hirsch machte ein Zeichen mit der rechten Hand, um zu zeigen das sie verstanden hatten, woraufhin Steppenwolf seinen Mustang wendete und ihnen voranritt.

Schneller Pfeil spürte, wie ihm der Mund trocken wurde. Sein Blick ging immer wieder in die angegebene Richtung, doch er konnte nicht einmal eine Staubwolke ausmachen. Ein gutes Zeichen, ging es ihm durch den Kopf. Das bedeutete, dass die Herde noch an derselben Stelle graste und nicht aufgeschreckt worden war.

Sie hielten in einem Bogen auf die Stelle zu, die ihnen Steppenwolf wies und plötzlich waren sie da.

Bisons!

Die mächtigsten Tiere der Prärie.

Soweit das Auge reichte waren überall die massigen, braunen Körper zu sehen, welche an dem frisch gewachsenen Grün rupften. So viele Bisons hatte Schneller Pfeil noch nie zuvor gesehen und er wusste, dass es bei weitem größere Herden gab als diese hier vor ihnen. Kleiner Fuchs sah ihn vielsagend an und seine Augen wirkten seltsam groß vor Erregung.

Roter Hirsch, der Anführer ihrer Gruppe, teilte die Jäger ein, wie er es für richtig hielt. Jeder von ihnen, bis auf die beiden Neulinge, war ein erfahrener Jäger, der wusste, was auf ihn zukommen würde. Es reichten ein paar Zeichen ihrer Handsprache, um sich zu verständigen. Danach kam er auf die beiden Anfänger zu.

„Ihr beide reitet zusammen und versucht, in meiner Nähe zu bleiben. Haltet euch vor allem aus der Hauptmasse heraus und bleibt am Rand der Herde. Sucht euch ein allein laufendes Jungtier und verliert nicht den Überblick."

Schneller Pfeil nickte gehorsam.

„Ja, Vater."

Roter Hirsch musste sich Sorgen um sie machen, denn er sagte das bereits zum zweiten Mal.

Nun ja. Sein Schecke würde von allein wissen, was er zu tun hatte.

Kleiner Fuchs ritt einen jungen Mustang mit schwarzen Flecken auf dem Kopf und dem Rücken, welcher vor Aufregung immer wieder den Kopf nach hinten warf. Doch er behielt ihn unter Kontrolle, was kein Wunder war, denn er ritt wie jeder Comanche bereits ehe er laufen konnte.

Die meisten der Krieger hatten jetzt ihren Bogen in der Hand und legten den ersten Pfeil auf die Sehne.

Schneller Pfeil bemerkte, dass einige Krieger bereits den nächsten Pfeil zwischen die Zähne nahmen und machte es ihnen nach. Erst jetzt sah er, dass zwei Krieger ihrer Gruppe mit der Lanze auf die Jagd gingen, und er bewunderte sie dafür. Schließlich mussten sie sich dafür den großen Tieren ganz dicht nähern und setzten sich damit einer viel größeren Gefahr aus. Dafür würden sie heute Abend besonders geehrt werden, denn Mut war etwas, was in ihrem Stamm hoch angesehen war.

Schneller Pfeil holte tief Luft.

Sein Magen fühlte sich an wie ein Stein und die Faust, die den Bogen hielt, krampfte sich so sehr um das Holz, dass die Knöchel fast weiß waren.

Er nahm den Bogen in die andere Hand und öffnete und schloss sie mehrmals, um sie locker zu machen.

Sein Vater, Roter Hirsch, gab ein Zeichen, woraufhin sie sich langsam wieder in Bewegung setzten.

Es war ein unwirklicher Anblick.

All die vielen Büffel schienen sich nicht im Geringsten um sie zu scheren, um dann, auf ein alarmierendes Schnaufen eines alten Büffelmännchens, plötzlich wie aus dem Nichts loszulaufen.

Innerhalb eines Wimpernschlags setzte sich die gesamte Herde in Bewegung und die Luft war erfüllt von dem Donnern der zahllosen Hufe.

Die Jäger ließen jetzt alle Vorsicht fahren und die ersten

Krieger gaben schrille Anfeuerungsrufe von sich. Sie alle waren längst vom Jagdfieber gepackt und selbst ihre speziell für die Jagd ausgebildeten Büffelpferde ließen sich von der Erregung anstecken.

Schneller Pfeils Schecke lief den anderen hinterher, die ein wahnsinniges Tempo an den Tag legten.

Innerhalb kürzester Zeit waren die meisten Jäger in alle Himmelsrichtungen zerstreut oder doch zumindest von Staubwolken verborgen, welche den Blick auf wenige Dutzend Meter begrenzten. Er sah nur massige Schultern und wippende Höcker um sich herum und musste aufpassen, nicht von ihnen eingeschlossen zu werden.

Plötzlich wurde ihm klar, dass sein Schecke ihn schon in eine perfekte Schussposition hinter einer jungen Büffelkuh gebracht hatte und mit einem Mal fiel die ganze Erregung von ihm ab und er genoss den Moment.

Seine jahrelange Übung zahlte sich jetzt aus und er spannte den Bogen und löste den Schuss innerhalb eines Augenblicks aus, ohne auch nur darüber nachzudenken.

Der gefiederte Pfeil fuhr so schnell von der Sehne, dass man ihm mit dem Auge kaum folgen konnte.

Er sah seinen Pfeil an der gewünschten Stelle hinter dem Schulterblatt eindringen. Die Büffelkuh lief einfach weiter, als wäre nichts passiert, doch dann brachen ihre Vorderbeine ein und das schwere Tier ging in einer großen Staubwolke zu Boden.

Schneller Pfeil riss vor Freude den Bogen hoch über den Kopf und sah sich suchend um, ob jemand seinen Erfolg gesehen hatte, doch er konnte keinen der anderen Jäger erkennen.

Ein anderer Büffel war über sein Opfer gestürzt und für einen kurzen Moment vergrößerte sich die Panik unter den Tieren noch, soweit das möglich war. Sein Schecke behielt jedoch den Überblick und ließ das größte Getümmel etwas rechts von ihnen zurück. Doch auch hier sah Schneller Pfeil überall die bulligen Köpfe mit den drohenden Hörnern aus den Staubwolken auftauchen und immer wieder brach eines der Tiere unkontrolliert zur Seite aus.

Er nahm den Pfeil, den er zwischen den Zähnen hielt, und spannte seinen Bogen erneut.

Diesmal fuhr das Geschoss aber nur in einen der mächtigen Höcker und schaukelte wirkungslos mit den Bewegungen hin und her. Der Schecke wich nun immer wieder einzelnen Tieren aus und einmal musste er gar über einen liegenden Büffel springen, welcher sich im Gras wälzte und aus dessen Seite zwei gesplitterte Pfeile ragten.

Schneller Pfeil musste unwillkürlich daran denken, dass man nun wohl nicht mehr den erfolgreichen Schützen ermitteln konnte.

Jeder der Krieger hatte nämlich seine persönlichen Farben oder Zeichen in der Befiederung des Pfeils hinterlassen, um nach der Jagd auf die erlegte Beute Anspruch erheben zu können. Vielleicht hatten sie aber auch die Schäfte der Pfeile gekennzeichnet, schließlich war es nicht selten, dass bei der Büffeljagd Pfeile unter den zentnerschweren Körpern zerbrachen.

Es gelang ihm, einen neuen Pfeil einzulegen, und Schneller Pfeil lenkte ihn genau ins Herz eines jungen

Büffels, dessen Fleisch sehr viel zarter sein würde, als das eines alten Bullen.

Die Freude über seinen Erfolg strömte ihm wie ein warmes Gefühl durch die Glieder und er fühlte sich stark und unbezwingbar. Unter ihm das gute Büffelpferd seines Vaters, in der Hand seinen Bogen und um ihn herum genügend Büffel, deren Fleisch sie durch den langen Winter bringen würde. Was konnte ein junger Krieger mehr verlangen?

Nach diesem Erfolg bei der Jagd würden auch die Spötter verstummen, die sie mit dem Verlust der Pferde immer noch aufzogen. Denn nun hatte er zur Ernährung des Stammes beigetragen und damit Anerkennung verdient.

Der Schecke sprang erneut über ein Hindernis, doch auch jetzt hatte Schneller Pfeil keine Mühe im Sattel zu bleiben. Der Sprung riss ihn jedoch aus seinen Tagträumen und das war gut so, denn es war kein Büffel der da am Boden lag.

Schneller Pfeil zog sein Pferd zur Seite, um das Hindernis genau zu betrachten, und plötzlich hatte er statt der wohligen Wärme im Bauch das Gefühl, einen Eisbrocken verschluckt zu haben.

Sein Schecke hatte einen Mustang übersprungen und er kannte dieses Pferd, denn er war mit seinem eigenen Mustang oft genug gegen ihn angetreten.

Es gehörte Kleiner Fuchs, welcher richtig vernarrt in ihn war. Doch nun lag das Tier still und mit blutüberströmtem Körper auf der Seite.

Schneller Pfeil schaute sich um, doch er konnte seinen Freund nicht in unmittelbarer Nähe entdecken.

Zum ersten Mal an diesem Tag trieb er den Schecken an. Er musste seinen Freund finden, das war er ihm schuldig. Die Büffel liefen immer noch zahllos an ihm vorbei, doch er durfte nicht noch weiter an den Rand der Herde gelangen, denn weit konnte sein Freund sich unmöglich durch dieses Gewühl von Körpern entfernt haben. Ein schriller Schrei ließ ihn zusammenfahren, doch es war einer der anderen Jäger, der in einer Staubwolke unsichtbar im Sog der Büffel an ihm vorbeipreschte.

Ein Büffel neben ihm schien zwei Höcker zu haben und erst auf den zweiten Blick erkannte er Kleiner Fuchs auf seinem Rücken, der sich mit letzter Kraft an ihm festhielt. Seine Finger krallten sich in das zottige Fell, während er sich mit den nackten Füßen gegen die drückenden Körper neben ihm stemmte.

Er musste vor dem Sturz seines Pferdes gesprungen sein, ging es Schneller Pfeil durch den Kopf, denn wer hier erst einmal den Boden berührte, würde unweigerlich von den Hufen zerstampft werden.

Er schrie, in der Hoffnung seinen Freund auf sich aufmerksam zu machen, doch das Donnern der Hufe war viel zu laut. Er konnte von Glück sagen, wenn er ihn nicht aus den Augen verlor, denn die Staubwolken hüllten ihn immer wieder ein und verbargen ihn vor seinem Blick. Schneller Pfeil nahm den Pfeil zwischen Daumen und Zeigefinger, so dass er Bogen und Pfeil mit einer Hand halten konnte. Mit der anderen Hand ergriff er die Zügel und verstärkte den Druck seiner Schenkel.

Der Schecke lief inmitten einer unübersehbaren Gruppe

von Büffeln, aber er hielt sich so weit von den einzelnen Tieren entfernt, dass ihnen bisher kein Büffel mit seinen Hörnern zu nahe gekommen war.

Schneller Pfeil trieb ihn jetzt etwas schräg durch die allgemeine Fluchtroute, um etwas dichter an seinen Freund heranzukommen. Immer wieder fand das Büffelpferd eine Lücke, in die es schlüpfen konnte und es wich den bulligen Körpern ein ums andere Mal geschickt aus.

Sie kamen Kleiner Fuchs immer näher und endlich konnten sie einander sehen. Schneller Pfeil erkannte, wie Hoffnung in den Augen seines Freundes aufflammte. Bisher hatte er sich gut halten können, denn die massigen Tiere liefen so dicht aneinander, dass praktisch kein freier Platz zwischen ihnen war. Er wurde zwar heftig durchgeschüttelt, doch das nahm er in seiner Angst überhaupt nicht richtig wahr.

Jetzt jedoch lockerte sich dieser Bereich teilweise auf. Einige Tiere wurden langsamer, während sich die Büffel über eine immer größere Fläche verstreuten. Die teils dichten Staubwirbel wurden durch den anhaltenden Ostwind über die Prärie verteilt und die Sicht wurde langsam besser.

Kleiner Fuchs spürte, dass es jetzt noch gefährlicher für ihn geworden war. Ohne die zusammengedrängte Gruppe hatte der Büffel unter ihm mehr Bewegungsfreiheit und versuchte, ihn mit Gewalt abzuwerfen.

Er spürte die Kraft seiner Finger schwinden und die heftigen Bewegungen unter ihm schüttelten ihn durch bis ins Mark. Plötzlich, ohne jede Vorwarnung, stoppte das gewaltige Tier und ließ sich auf die Vorderbeine nieder. Mit einem Schütteln des großen Schädels, so als wollte es Fliegen abwehren, sank es zu Boden und warf sich auf die Seite.

Schneller Pfeil schrie vor Schreck auf, doch sein Freund war im selben Moment abgesprungen und überschlug sich im hohen Gras. Wie ein gejagter Hase kam Kleiner Fuchs sofort wieder auf die Beine und lief, den anderen Büffeln ausweichend, mit aller Kraft weiter in die bisherige Richtung.

Schneller Pfeil spürte sein Herz bis zum Hals schlagen. Er war noch etwas zu weit entfernt, um von seinem dahin jagenden Mustang wirkungsvoll zu schießen. Doch er konnte nicht länger warten.

Der Büffel, welcher seinen lästigen Reiter endlich abgeworfen hatte, war wieder aufgestanden und schüttelte sich ein letztes Mal. Seine kleinen, dunklen Augen richteten sich auf den Jungen und er setzte sich langsam in Bewegung.

Kleiner Fuchs konnte ihm nicht entkommen. Er mochte ein guter und ausdauernder Läufer sein, doch gegen einen Büffel würde er nicht bestehen können. Immer wieder sah er sich gehetzt nach den Seiten um, doch die Gefahr hinter ihm hatte er noch nicht bemerkt. Schneller Pfeil rief seinem Schecken zu weiter zu laufen und sprang ab.

Sie hatten es oft genug geübt, im vollen Galopp ab und wieder auf zu springen, doch nie hätte er gedacht, dass es für ihn dabei einmal um Leben und Tod gehen würde.

Er behielt sein Gleichgewicht und verlor auch den Bogen nicht. Mit einem schrillen Ruf, der das Donnern der Hufe übertönte, machte er seinen Freund auf sich aufmerksam und zeigte ihm dadurch auch den herannahenden Tod. Schneller Pfeil spannte seine Waffe, schneller als er es hätte denken können, und ließ den Pfeil davonjagen. Die Entfernung betrug noch ungefähr vierzig Meter und er wusste, dass er den Büffel auf diese Distanz nicht mit einem Schuss würde töten können.

Das Geschoss traf den Bison im oberen Rücken.

Sie zogen über scheinbar endlose Ebenen, auf denen das Gras jedoch von der Sonne ausgedörrt war und kaum noch Kraft gab. Schattenfell weidete es nur widerwillig ab, da er es wieder und wieder kauen musste, bevor er es hinunterschlucken konnte.

Gegen Mittag des nächsten Tages erreichten sie einen Landstrich mit schwarzer Erde, der zwar verbrannt roch, durch dessen Boden sich aber schon wieder frische Halme hervor schoben, an welchen sie sich nur zu gern gütlich taten. Andere Herden taten es ihnen nach und die scharfen Augen des schwarzen Mustangs konnten eine Bisonherde ausmachen, die langsam in ihre Richtung zog. Die riesigen Tiere beeindruckten ihn immer wieder, auch wenn er in den letzten Wochen viele von ihnen zu Gesicht bekommen hatte und sich eigentlich an sie gewöhnt haben sollte. Ihre pure Größe ließ sie unaufhaltsam erscheinen und wenn sich eine ganze Herde in Bewegung setzte, dröhnte die Erde. Es war also besser, ihnen aus dem Weg zu gehen, aber manchmal waren ihre Herden so groß, dass es einfach nicht möglich war.

Diese Herde reichte zwar nicht bis zum Horizont, hatte jedoch trotzdem eine stattliche Größe und Schattenfell sah ihnen aufmerksam entgegen. Er konnte die massigen Bullen erkennen, welche die Herde zu den Seiten hin abschirmten, und sah sie plötzlich in einen schnelleren Lauf fallen. Die anderen Tiere machten es ihnen wie aneinandergereiht nach und innerhalb kürzester Zeit war das ganze Blickfeld von wippenden Büffelköpfen und -höckern ausgefüllt, die in Panik vor etwas flohen, was außerhalb seines Blickfelds lag.

Die Schnelligkeit, in der das geschah, überraschte Schattenfell immer wieder. Diese scheinbar trägen Tiere erreichten eine beachtliche Geschwindigkeit und schienen mit ihrer gewaltigen Masse an braunen Leibern jedes Hindernis hinwegzufegen.

Die mächtigen Tiere kamen nicht direkt auf sie zu, sondern liefen in einiger Entfernung an ihnen vorbei, ohne dass sie direkt in Gefahr gerieten.

Weißauge war ebenfalls aufmerksam geworden und seine Ohren zuckten aufgeregt in alle Richtungen. Doch neben dem Donnern der unzähligen Hufe war kein weiteres Geräusch auszumachen.

Ein schriller, anfeuernder Ruf durchschnitt plötzlich das dumpfe Grollen und Schattenfell konnte kurz darauf ein paar der ihnen nur zu gut bekannten Zweibeiner erkennen. Diese ritten auf ihren Mustangs, welche genauso aussahen wie viele andere aus ihrer kleinen Herde, am Rand der Büffel entlang und einige wagten sich sogar ins Innere der bedrohlichen Büffelherde hinein.

Schattenfell hatte noch nie Indianer bei der Büffeljagd gesehen, aber nun wurden sie alle Zeuge eines einzigartigen Geschehens.

Die Zweibeiner lenkten ihre Mustangs nur mit den Knien und diese reagierten auf den kleinsten Schenkeldruck, als wären sie mit ihren Reitern verwachsen.

So hatten die Reiter ihre Hände frei, um mit ihnen merkwürdige, gebogene Äste zu bedienen.

Dafür ritten sie ganz dicht an einen der gewaltigen Büffel heran, welcher kurz darauf stürzte und in einer aufwallenden Staubwolke liegen blieb, während der Zweibeiner auf seinem Pferd weiterritt.

Die Büffelherde war in wilder Flucht unterwegs. Es wurde gedrängelt und gestoßen und die Jäger mussten sehr darauf achten, mit ihren Mustangs nicht eingeschlossen zu werden.

Plötzlich stutzte Schattenfell.

Obwohl die Jäger alle ziemlich gleich aussahen, war er sich sicher, in einem von ihnen den Wächter der eingesperrten Pferdeherde wiederzuerkennen.

Schließlich hatte er ihn mehrere Wochen heimlich beobachtet, dem Spiel seiner Flöte gelauscht und seine freundliche Stimme vernommen, wenn er beruhigend auf die Hengste einsprach.

Irgendetwas in ihm freute sich über dieses Wiedersehen, auch wenn der Junge ihn gar nicht bemerkt hatte und Schattenfell sich auch nicht erklären konnte, warum er sich darüber freute. Es genügte ihm einfach, dem ungewohnten Treiben vor ihnen zuzusehen, und seine

Augen versuchten, von dem Schauspiel nichts zu verpassen, welches sich ihnen nun bot.

Der Pfeil hatte den Bullen nicht aufhalten können. Gereizt lief das Tier weiter auf den Störenfried zu, um ihn mit seinen Hufen in den staubigen Boden trampeln zu können.

Kleiner Fuchs hatte ihn jetzt bemerkt, doch er spürte seine Kräfte erlahmen. Auch wenn er auf kurze Distanz ein schneller Läufer war, bekam er jetzt nur noch schwer Luft und sein Atem ging stoßweise.

Als neben ihm der Schecke auftauchte, glaubte er zu träumen und hätte fast zu lange gezögert. Mit einer letzten Kraftanstrengung schwang er sich auf den Rücken des Pferdes und ließ sich dankbar aus der Gefahrenzone tragen.

Schneller Pfeil fiel ein Stein vom Herzen, als er seinen Freund davon reiten sah. Kleiner Fuchs hatte beide Arme um den Hals des Büffelpferdes geschlungen und verschwand gerade in einer Staubwolke.

Die Jagd verlagerte sich Richtung Norden und das Geschehen wurde übersichtlicher.

Schneller Pfeil konnte keinen der anderen Jäger sehen, der ihn hätte aufsitzen lassen können. Somit musste er laufen und bewegte sich weiter von der Hauptherde weg.

Nur noch vereinzelt passierten ihn kleine Gruppen der Bisons, welche den Anschluss verloren hatten und nun versuchten, die Masse ihrer Artgenossen wieder einzuholen.

Die Staubwolken wurden durchsichtiger und plötzlich

blieb er erschrocken stehen.

Vor ihm stand ein einzelner Bison. Sein zotteliges Fell war über und über mit Staub bedeckt, aber man konnte trotzdem den Pfeil in seinem Höcker sehen, der ihn höhnisch zu grüßen schien.

Sein Pfeil, wie er jetzt deutlich erkennen konnte.

Schneller Pfeil schluckte trocken.

Der Büffel hatte seinen Freund nicht bekommen, doch er schien nicht aufgeben zu wollen und hatte sich jetzt ihn als Ziel seiner Rache ausgesucht.

Es musste ein ungewöhnlicher Bison sein.

Die alten Männer seines Stammes hatten am Lagerfeuer Geschichten über Außenseiter erzählt. Grimmige, boshafte Tiere, die von ihren Herden ausgestoßen wurden und für jeden eine Gefahr darstellten.

Dieser hier musste so ein Exemplar sein, denn jedes normale Tier wäre mit der Herde einfach immer weiter gelaufen.

Deutlich konnte er sehen, dass das rechte Horn etwas kürzer war als das andere. Der Bison mochte die Spitze in einem Zweikampf gegen einen anderen Bullen eingebüßt haben. So etwas kam schon mal vor, wenn diese gewaltigen Tiere mit hoher Geschwindigkeit aufeinander prallten.

Jetzt schnaubte der Bulle und Geifer und Schaum standen im vor dem Maul. Schneller Pfeil wurde schmerzhaft bewusst, dass er kaum etwas tun konnte. Er hatte zwar noch seinen Bogen, aber einen solchen Dickhäuter von vorn treffen zu wollen war völlig unsinnig. Der massige Schädel war von keinem Pfeil zu durchdringen. Er würde ihn nur noch mehr reizen, wenn das denn noch möglich war. Der Bison setzte sich nun langsam in Bewegung. Es war immer wieder erstaunlich, wie leichtfüßig sich diese kompakte Masse aus Muskeln und Fell fortbewegen konnte. Er lief genau auf den jungen Indianer zu und senkte den Kopf. Schneller Pfeil warf ihm die nutzlose Waffe entgegen und rannte dann in einem leichten Bogen vor ihm davon, um möglichst andere Tiere zwischen sich und den Bullen zu bekommen. Er war ein Comanche und die Comanchen waren stolz darauf, mit ihren Pferden wie verwachsen zu sein. Nun aber hatte er kein Pferd mehr unter sich und er fühlte sich unsicher. Er war einer der schnellsten Läufer seines Stammes, das hatte er oft genug bewiesen, doch ein Bison würde immer die Nase vorn haben und zudem auch ausdauernder sein.

Schneller Pfeil lief, wie er noch nie gelaufen war. Seine Mokassins aus gutem Antilopenleder flogen nur so über den staubigen Untergrund, als würden sie den Boden überhaupt nicht berühren.

Wie die anderen Jäger hatte er alle hinderliche Kleidung, bis auf die Leggings abgelegt, um so voll beweglich zu bleiben. Trotzdem spürte er mehr als dass er es sehen konnte, wie sein Verfolger immer dichter kam. Er glaubte das schnaubende Atmen des Büffels zu vernehmen, doch er keuchte mittlerweile selbst viel zu laut, um sich sicher zu sein. Einer Eingabe folgend, brach er plötzlich nach links aus und tatsächlich schob sich der schwere Körper des Bullen an ihm vorbei, nur um sich sogleich wieder an seine Fersen zu heften. Das konnte nicht mehr lange gutgehen. Noch ein oder zwei weitere Haken und er war mit seiner Kraft am Ende. Verzweiflung überkam ihn.

Er sah keinen anderen Ausweg mehr und er hatte genug vom Weglaufen. Wenn er denn sterben sollte, wollte er wie ein Comanche sterben und dem Tod ins Angesicht schauen.

Er blieb stehen und wandte sich zu seinem Verfolger um. Der Abstand war durch seinen Haken wieder etwas größer geworden, aber der Bulle verkürzte die Distanz mit jedem Schritt.

Für einen kleinen Augenblick war er durch das Anhalten seines Opfers irritiert, doch dann beschleunigte sich sein Galopp wieder. Beide hatten kein Auge für das, was neben oder hinter ihnen geschah, und so fuhren sie beide überrascht zusammen, als sie neben sich einen Reiter wahrnahmen.

Kleiner Fuchs hatte den Schecken zwischen den Büffel und seinen Freund gelenkt. Er wollte den Bison ablenken oder doch zumindest verwirren, aber das erfahrene Tier ließ sich nicht von seinem Vorhaben abbringen. Kleiner Fuchs umkreiste ihn nun, doch sein Pferd hielt einen respektvollen Abstand ein, um nicht Opfer der gefährlichen Hörner zu werden.

Wie ein Schatten tauchte da aus einer Staubwolke heraus ein anderer Reiter auf und rammte um ein Haar den viel größeren Büffel. Das Pferd schlug mit den Hinterbeinen aus und erst da bemerkte Schneller Pfeil, dass es gar keinen Reiter trug. Mit einem Male erkannte er das Geisterpferd, dass er bei dem nächtlichen Wolfsüberfall gesehen hatte und sein Mund öffnete sich vor Überraschung.

Der Bison war nun doch abgelenkt.

Der schwarze Mustang kreuzte unmittelbar vor ihm seinen Weg und verdeckte damit das eigentliche Ziel. Dann stieg er hoch auf die Hinterhand und ließ seine Hufe in der Luft umher sausen, während er gleichzeitig jede Menge Staub aufwirbelte.

Kleiner Fuchs nutzte den Augenblick und jagte auf seinen Freund zu, der nur noch wenige Meter entfernt wie erstarrt stand. Er ließ den Schecken dicht an ihm vorbeigaloppieren und streckte Schneller Pfeil seinen Arm zu, um ihn zu sich hochzuziehen. Der reagierte endlich und war mit einem großen Satz hinter seinem Freund aufgesprungen. So schnell es konnte, trug das Büffelpferd die beiden jungen Krieger aus der Gefahrenzone heraus.

„Das war das schwarze Pferd, das die Mustangs vor den Wölfen gerettet hat", sagte Kleiner Fuchs immer noch ungläubig zu seinem Freund.

Schneller Pfeil nickte stumm.

Eines Tages werde ich dieses prächtige Pferd reiten, schwor er sich.

Schattenfell wusste nicht was in ihn gefahren war. Er hatte reagiert, bevor er wirklich nachdenken konnte, einfach aus einem Instinkt heraus. Natürlich hatte er Angst vor diesem riesigen Büffel gehabt, doch er hatte einfach nicht stehenbleiben können. Nun war alles gut ausgegangen und er hatte das Gefühl richtig gehandelt zu haben. Die anderen Junghengste schauten ihn verständnislos an, als er wiederkam. Sie hatten schon öfter erlebt, dass er anders reagierte als sie es taten, und ließen ihn gewähren, ohne viele Fragen zu stellen. Denn viele seiner Entscheidungen hatten sich hinterher als richtig herausgestellt und man war gut beraten, ihm zuzuhören.

Die Monate kamen und gingen.
Schattenfell und seine Freunde trotzten der brennenden Sonne des Sommers ebenso wie den Herbststürmen, die mit gewaltiger Kraft alles Laub von den Bäumen rissen und durch die Täler trieben.
Der Winter kam und mit ihm die Zeit der Kälte und der Dunkelheit. Erneut machten sie sich auf die Suche nach neuen Weidegründen und mit ihnen zogen gewaltige Herden von Büffeln und Antilopen. Es wurde immer schwieriger etwas Nahrung zu finden und das Gras, das sie mühselig mit ihren Hufen freischarrten, schmeckte fad und gab kaum noch Kraft.
Schattenfell und sein Freund Weißauge passten dabei auf, dass niemand auf dieser langen Wanderung zurückfiel, oder sich zu weit von der Herde entfernte. Nachts ließ das Geheul der Wölfe sie enger zusammenrücken und so mancher von ihnen konnte vor Angst kaum den nötigen Schlaf finden.
Ab und zu schlichen sich Wölfe an, doch sie waren auf der Hut und ließen sich nie überraschen. Ein paar Mal suchten sie ihr Heil in der Flucht, doch das war in der mit Schnee bedeckten Landschaft nicht einfach. Oft sanken sie tief ein und das Laufen erschöpfte sie. Manchmal rissen sie sich an verharschten Stellen die Läufe blutig, während die Angreifer auf ihren breiten Tatzen kaum versanken.

Schattenfell machten diese Angriffe bald wütend und dann attackierte er die Wölfe, die sich sofort vor ihm in Sicherheit brachten. Irgendwann konnte er die anderen überzeugen, es ihm gleich zu tun, und von da an hatten sie nichts mehr auszustehen. Griffen die Wölfe an, schlossen sie sich zu einer Gruppe zusammen und wehrten die großen Grauen mit ihren Hufen ab. Diese waren sehr überrascht, fanden aber kein wirkliches Gegenmittel und suchten sich schließlich lieber leichtere Beute als eine wilde Horde von Junghengsten.

Es war ein harter Winter und der Schnee machte ihnen das Weiterziehen schwer. Manchmal hielt ein Schneesturm sie tagelang fest und danach sah die ganze Gegend vollkommen verändert aus. Schattenfell konnte sich nicht erinnern, jemals so gefroren zu haben und sie drängten sich eng zusammen, um sich aneinander zu wärmen.

Endlich, nach einer gefühlten Ewigkeit, wurden die Tage wieder länger und die Sonne stand jeden Tag ein wenig höher am Himmel.

Der Schnee schmolz langsam, aber unaufhörlich dahin und gab das trockene Gras des Vorjahres frei. Bis Neues wuchs, würden sie sich damit begnügen müssen. Ihre abgemagerten Körper hatten es dringend nötig und sie verschmähten es nicht.

Sie waren anspruchslos und selbst diese karge Nahrung genügte ihnen.

Je näher sie ihren alten Weidegründen kamen, umso besser wurde es. Bald genossen sie wieder die ersten saftigen Gräser. Die Nächte waren bereits ohne Frost und tagsüber schien die Sonne warm auf sie herab.

Die Zeit ging nicht spurlos an ihnen vorbei. Sie wurden größer, kräftiger und ihre Spiele untereinander wurden deutlich rauer. Voller Übermut forderten sie sich immer wieder zu spielerischen Kämpfen heraus. Schattenfell, der im Vergleich zu seinen Altersgenossen etwas weniger massig wirkte, übertraf jedoch alle anderen an Temperament und Wildheit. Da sie sich in der Größe nicht unterschieden, gab Letzteres doch meistens den Ausschlag. Wenn er stieg und seine Vorderhufe treffsicher durch die Luft wirbeln ließ, verschaffte er sich Respekt unter seinen Artgenossen.

Nur mit Weißauge ließ er sich nicht auf einen Kampf ein. Mit diesem Braunen verband ihn eine engere Freundschaft, die sie beide nicht aufs Spiel setzen wollten. Um sie herum war die Prärie mit Leben erfüllt. Riesige Herden an Büffeln und Antilopen zogen an ihnen vorbei. Kälber hielten sich eng an ihre Mütter gepresst und suchten ihren Schutz. Riesige Staubwolken stiegen in den blauen Himmel hinauf, die nur noch von den Lerchen übertroffen wurden.

6. In der Falle

Ein gleichmäßiges Trommeln schreckte Schattenfell auf. Das Geräusch klang, als würden zahllose Hufe über die Grasebene galoppieren, aber noch standen sie in einer kleinen Mulde und konnten nichts sehen. Das Dröhnen wurde lauter und schließlich war nur noch ein gleichmäßiges Donnern zu vernehmen.

Weißauge sah ihn unsicher an und dann liefen sie beide gleichzeitig zum Rand der Mulde.

Was sie jetzt sahen, nahm ihnen die Luft zu atmen. Eine große Herde Mustangs kam in vollem Galopp in ihre Richtung. Die unzähligen Körper tauchten immer wieder wippend aus der staubigen Masse auf und kamen dabei genau auf sie zu.

Schattenfell warf sich herum und bemerkte aus dem Augenwinkel, dass sein Freund ihm folgte. Sie jagten den flachen Hügel herab und scheuchten dabei die anderen auf, die bereits fluchtbereit die Ohren gespitzt hatten. Schattenfell lief links auf sie zu und forderte sie mit einem Schnauben auf, ihm zu folgen. Ihre ganze Gruppe machte sich geschlossen auf und sie erklommen den Hügel innerhalb eines kurzen Augenblicks. Das Dröhnen hatte sie fast erreicht und wie von einem Präriebrand gejagt, hetzten sie einfach weiter. Nur weg von der Gefahr, welche die große Herde hinter ihnen in die Flucht geschlagen hatte.

Die ersten Mustangs hatten sie erreicht, doch aus ihnen war nichts herauszubringen. Mit großen, angsterfüllten Augen liefen sie so schnell sie konnten und Schattenfell gab es schließlich auf, ihnen Neuigkeiten entlocken zu wollen.

Plötzlich glaubte er einen schrillen Schrei vernommen zu haben und schaute immer wieder über die rechte Schulter zurück. Doch er konnte in diesem ganzen Staub nicht genug Einzelheiten erkennen.

Das Gelände wurde unübersichtlicher. Sie liefen nun in ein ausgetrocknetes Flussbett hinein, welches durch das höhere Ufer begrenzt wurde. Die Tiere rückten deutlich enger zusammen und drängten sich Schutz suchend aneinander. Plötzlich lagen auch wieder diese anfeuernden Rufe in der Luft und Schattenfell glaubte, die Verursacher ausfindig gemacht zu haben.

Links und rechts von ihnen tauchten schemenhaft Reiter auf. Er hatte sie schon mehrmals gesehen und sofort erinnerte er sich an die Ereignisse im letzten Jahr. Dort hatte der Jüngling mit der ruhigen Stimme seine Aufmerksamkeit geweckt und irgendetwas hatte ihn damals veranlasst, tollkühn vor einem Büffel zu tänzeln und ihn so abzulenken.

Doch hier waren es mehrere Reiter und sie wirkten in ihrer Masse bedrohlich auf ihn.

Vor ihnen tauchte nun eine Senke auf, die in eine langgestreckte Schlucht überging.

Jetzt meldete sich sein Instinkt mit aller Macht und er verlangsamte sein Tempo.

Das hieß, er versuchte die Geschwindigkeit zu reduzieren, aber hinter ihm kamen die anderen Pferde und drängten ihn weiter nach vorn.

Schattenfell merkte wie sinnlos es war, gegen die Herde anzukämpfen. Seine Hilflosigkeit verwandelte sich in Wut. Merkte denn keiner, dass sie in eine Falle liefen?

Er bäumte sich auf und ließ die Nachdrängenden seine Hufe spüren. Er wieherte laut auf und warf seinen Körper mit aller Kraft auf die nachdrängenden Pferde.

Ein paar Reiter hatten sich an ihren Flanken eingefunden.

Sie beobachteten gespannt, wie die Herde in die Schlucht hineinlief und bemerkten auch, dass sich der schwarze Mustang gegen sein Schicksal auflehnte.

Er schien nicht der Anführer der Herde zu sein, denn dafür war er wohl noch ein oder zwei Jahre zu jung. Zudem lief er am Anfang der Herde und nicht am Ende. Dort war gewöhnlich der Platz eines Leithengstes, denn er hatte darauf zu achten, dass keiner zurück blieb.

Doch wie dieser hier tobte war bemerkenswert.

Seine ungezügelte Wildheit ließ die anderen stocken und die Welle zog sich durch die gesamte Herde. Einige liefen links und rechts an ihm vorbei, doch die meisten blieben nun stehen und warfen unruhig die Köpfe umher, so dass ihre Mähnen flogen.

Schattenfells Freunde waren an seiner linken Seite und bäumten sich mit ihm gegen ihr Schicksal auf. Sie wussten nicht, warum er so reagierte, doch sie hatten gelernt ihm zu vertrauen.

Von hinten erklangen nun laute Schreie und sie kamen schnell dichter. Die Herde geriet wieder in Bewegung und diesem neuen Druck konnten sie nicht mehr standhalten. Sie wurden hinweggeschwemmt und mit der Masse der Pferde in die Schlucht gerissen.

Kurz bevor die Steinwände vor ihnen emporwuchsen, drängte Schattenfell nach links und schob seine Freunde zur Seite. Hier versperrte nur ein verhältnismäßig flacher Stein den Weg und Weißauge sprang mit einem weiten Satz über ihn hinweg. Ihre Hengstgruppe folgte ihm auf dem Fuße und ein Großteil von ihnen passierte die Hürde und verschwand in einem Kusselgelände.

Schattenfell war der letzte von ihnen und er sah wie Präriewind sich vor ihm aufbäumte. Er wäre nun dran, über den Stein zu setzen, doch er sprang nicht, sondern schaute auf die heranrasenden Pferde, die wie eine Flutwelle auf sie zukamen. Schattenfell wieherte und stieß ihn mit dem Kopf auffordernd an, doch der Zugang war zu schmal und er hatte keine Chance, an seinem Vordermann vorbeizukommen. Präriewind stieß mit den Hinterbeinen nach ihm, er musste vor Panik wie von Sinnen sein, doch kurz bevor die Masse der Tiere sie erreicht hatte, übersprang er das Hindernis endlich in Richtung Freiheit. Die ersten Mustangs hatten Schattenfell aber nun wieder erreicht und rissen ihn mit sich, so sehr er sich auch gegen sie stemmte. Das Letzte, was er von seiner alten Hengstgruppe sah, waren Weißauge und Präriewind. Weißauge war auf einen flachen Stein geklettert und Schattenfell konnte die Hilflosigkeit in seinen Augen sehen. Dann galoppierte er wieder los und verschwand aus seinem Blickfeld. Präriewind warf auf seiner Flucht den Kopf nach hinten und suchte Schattenfells Blick. Schattenfell, der sich immer noch mit aller Kraft gegen den Druck der anderen Pferde wehrte, versteifte sich plötzlich. Mit einem Mal hatte er das Gefühl, dass sein Bauch aus Eis bestehen würde. Er glaubte, in dem Blick von Präriewind Schadenfreude, ja schlimmer noch, Genugtuung gesehen zu haben, und das versetzte ihm einen Stich. Tiefe Hoffnungslosigkeit erfüllte ihn. Sein Widerstand erlahmte und er ließ sich fast willenlos von der Herde mitreißen. Schattenfell wurde zwischen die Felswände gedrückt und lief, bis ein Weiterkommen unmöglich wurde. Die Schlucht war ungefähr fünfhundert Schritte lang und mochte an der schmalsten Stelle nur dreißig Schritte breit sein.

Am Eingang sah Schattenfell nun Reiter auftauchen, die aus vorbereiteten Baumstämmen eine Art Zaun bauten. Eine Flucht war nun nicht mehr möglich.

Schneller Pfeil sah bewundernd auf die wilden Mustangs herab. Er war mit einigen anderen Männern auf ein paar Felsen geklettert und hatte nun einen guten Überblick über die Herde.

Es mussten einige Hundert sein, die ihre Krieger hier zusammengetrieben hatten und er schaute neugierig über die zusammengedrängten Leiber.

Die Vielfalt ihrer Farben faszinierte ihn jedes Mal aufs Neue.

Einige hatten nur kleine Flecken, die man auf den ersten Blick für Staub oder Dreckspritzer halten konnte. Bei anderen verzierten große Farbtupfer einen Großteil des Körpers. Es waren fast alle Farben vertreten. Weiße Flecken auf schwarzem oder braunem Fell. Dunkle Flecken auf weißem Untergrund und sogar rötliche Tupfer. Keines der Tiere glich dem anderen und war auf seine Weise einzigartig.

Die Krieger seines Stammes bevorzugten gewöhnlich die stark gemusterten Exemplare. Sie waren am auffälligsten und hoben ihren Herrn besonders hervor.

Die unauffällig gemusterten Mustangs hingegen wurden oftmals wieder freigelassen oder an andere Stämme verkauft, denn die Comanchen waren der Präriestamm mit den größten Pferdeherden.

Die anderen Stämme bemühten sich deshalb oft ihre Gunst zu erwerben, um von ihnen Pferde kaufen zu können. Manche Häuptlinge der einzelnen Comanchengruppen verschenkten sogar großzügig Pferde und genossen die bewundernden Blicke und auch den Neid ihrer Nachbarn.

Schneller Pfeil schüttelte den Gedanken ab.

Ihm würde schon ein eigener Mustang reichen, der natürlich schnell genug sein müsste, um beim Wettreiten gewinnen zu können. Bisher hatte er stets ein Pferd aus der Herde seines Vaters nehmen können, aber das war natürlich etwas anderes. Diese Mustangs waren an seinen Vater gewöhnt, und die besten von ihnen durfte er auch nicht reiten. Das blieb allein seinem Vater vorbehalten.

Sein Blick wanderte ziellos über die Herde.

Plötzlich weckte eines der Tiere seine Aufmerksamkeit und er richtete sich unbewusst zur vollen Größe auf.

Das Tier war vollkommen schwarz und wurde von den schattigen Stellen förmlich aufgesogen. Nicht das kleinste Farbmal beeinträchtigte sein Fell, was in einem besonderen Kontrast zu den anderen Mustangs stand.

Schneller Pfeil spürte, dass sich sein Atem beschleunigte.

Er hatte dieses Pferd schon zweimal gesehen.

Beim ersten Mal war es dunkle Nacht und er war sich nicht sicher gewesen. Bis auf seinem Freund hatte er niemandem davon erzählt, denn sie hätten ihm wohl nicht geglaubt, sondern es allein seiner Phantasie zugeschrieben. Beim zweiten Zusammentreffen lagen

Staubwolken in der Luft und er hatte nur einen flüchtigen Blick auf das Pferd werfen können, das sich wie wahnsinnig vor den Bison geworfen hatte. Er war sich trotzdem sicher gewesen, auch wenn er später fast glaubte, es nur geträumt zu haben.

Aber nun sah er diesen Mustang hier vor sich.

„Das Geisterpferd", murmelte er leise.

Kleiner Fuchs hatte ihn trotzdem gehört und sah ihn vielsagend an.

Die anderen Mustangs hatten sich erstaunlich schnell beruhigt.

Ihnen war nichts passiert und sie befanden sich nach wie vor im Schutz der Herde. So fanden sie sich schnell mit dem Geschehen ab.

Anders als Schattenfell.

Der schwarze Mustang war völlig aufgewühlt, wütend und allein.

Immer wieder sah er diesen letzten Blick von Präriewind vor sich und erkannte, dass diese Handlung von ihm nicht in Panik, sondern vielmehr aus voller Absicht ausgeführt worden war. Er hatte ihm nie etwas getan und diese Ungerechtigkeit machte ihn zornig. Er verstand sie einfach nicht. Er hatte sich nie Gedanken darüber gemacht, wer in ihm vielleicht einen Konkurrenten um die Stellung in der Herde sehen konnte, denn dafür hatte er viel zu wenig Erfahrung in diesen Dingen gehabt. Deshalb traf ihn diese Tat nur umso härter. Er musste erst lernen, dass Freundschaft ein kostbares Gut war und nicht alle seine Freunde sein wollten.

Außerdem ertrug er es nicht eingesperrt zu sein. Immer wieder umrundete er die Schlucht und besah sich die Baustämme, die ihm die Freiheit verwehrten. Die anderen Pferde machten ihm dabei bereitwillig Platz, denn sie hatten gesehen, wozu er im Stande war.

Die Indianer ließen sie in Ruhe.

Ab und an kletterte einer von ihnen auf den Zaun und beobachtete die Mustangs, die verschreckt im Schatten der Felswände standen. Sie deuteten auch immer wieder auf Schattenfell, der weiter unruhig seine Runden zog.

Die nächsten Tage verliefen in der immer gleichen Reihenfolge. Morgens bekamen sie Futter und Wasser. Dann ließ man sie in Ruhe, doch während des ganzen Tages blieben einige der Indianer in ihrer Nähe. Gegen Abend war dann wieder Zeit für die Fütterung.

Die Tiere verloren ihre Angst vor den Menschen und diese sangen für sie oder spielten auf einer Flöte angenehme Melodien.

Schattenfell spitzte dann jedes Mal die Ohren, aber er war sich sicher, dass es ein anderer Spieler war, als der, an den er sich erinnerte.

Ein paar Mustangs trauten sich nun auch schon weiter zu fressen, wenn einige Indianer zu dem Futterplatz am Tor kamen und ihnen zusahen. Sie verloren ihre Scheu und ließen sich bald streicheln.

Ein paar Krieger öffneten manchmal das Tor und ritten auf eigenen, zahmen Mustangs durch die Herde.

Sie machten sich dabei auf einzelne Tiere aufmerksam und jeder suchte sich schon mal einige Mustangs aus, die ihm gefielen.

Ihr besonderes Interesse galt dabei Schattenfell, aber der ließ keinen der Reiter zu nahe an sich heran und drängte sich dann immer schnell zwischen anderen Gruppen hindurch. Die meisten Mustangs beäugten die Reiter zwar noch neugierig, zeigten aber keine Angst oder gar Panik mehr.

Einige ließen sich schon eine Schlinge um den Hals werfen und trabten folgsam hinter ihren neuen Besitzern hinterher.

Die Krieger versuchten ihr Glück auch bei Schattenfell, doch dieser behielt sie genau im Auge und vereitelte jeden Versuch, sich ihm zu nähern.

Er war immer schon ungestüm gewesen, doch nun brodelte es in ihm.

Er fühlte sich gefangen, ausgeliefert und er hasste dieses Gefühl. Diese Menschen hatten kein Recht ihn einzusperren und er wehrte sich mit jeder Faser seines Körpers dagegen. Das Gefühl der Einsamkeit inmitten seiner Artgenossen wurde immer stärker und wenn er dann auch noch an Präriewind dachte, war er drauf und dran wieder zu toben.

Mittlerweile hatte sich herumgesprochen, was für einen besonderen Mustang sie da eingefangen hatten, und es fanden sich immer mehr Zuschauer ein.

Sie begutachteten seinen Körperbau und bewunderten seine Haltung sowie die vollkommene Schwärze seines Fells.

Wenn er bei seinen Runden den Kopf ungestüm hochwarf, zeigten sie auf ihn und riefen ihm etwas zu.

Schattenfell war der Aufmerksamkeit überdrüssig. Er wollte sie nicht.

Eines Morgens wurde er durch eine ungewohnte Unruhe der anderen Tiere geweckt.

Bevor er richtig zu sich kam, fühlte er etwas über seinen Hals gleiten. Schlagartig war er hellwach und sah sich um. Zwei Krieger hatten das Zwielicht der Morgendämmerung genutzt und sich durch die anderen Mustangs an ihn herangeschlichen. Einem der beiden war es gelungen, ihm eine Schlinge um den Hals zu werfen.

Schattenfell warf den Kopf mit aller Kraft zurück und spürte, wie sich etwas eng um seinen Hals legte.

Die Schlinge hatte sich zugezogen und schlagartig fiel ihm das Atmen schwer.

Schattenfell war einer Panik nahe.

Es sah die beiden Krieger in seiner unmittelbaren Nähe und nahm ihren fremden Geruch wahr.

Er wollte weglaufen, doch die Schlinge gewährte ihm keinen Spielraum und der Indianer hielt sie mit vor Anstrengung gerötetem Gesicht fest.

Sein Freund näherte sich von der anderen Seite und wollte ihm ein weiteres Seil über den Kopf werfen.

Die anderen Pferde waren nun aufgeschreckt und machten ihnen eilig Platz. Sie liefen in den hinteren Teil der Schlucht und schauten dem Geschehen gespannt zu. Helfen würden sie ihm nicht können, soviel war Schattenfell klar.

Der zweite Krieger ließ die Schlinge jetzt durch die Luft wirbeln und Schattenfell stieg hoch.

Das Seil aus geflochtenem Leder prallte an seiner Brust ab

und fiel auf den Boden. Er konnte sehen, wie der Indianer es wieder zu sich zog und aufrollte.

Schattenfell erkannte die Ausweglosigkeit der Situation und trotzdem begehrte alles in ihm dagegen auf. Wut und Trotz stiegen in ihm hoch und er spürte, wie sie in seinem Innern die Oberhand gewannen.

Er begann zu toben.

Einige hatten ihn am Eingang der Schlucht wüten sehen und waren von seinem Temperament und seiner Leidenschaft beeindruckt gewesen. Doch da hatte er gegen Artgenossen gekämpft, die einfach nicht verstanden hatten, was auf sie zukam. Jetzt wurde er direkt angegriffen und das setzte Urinstinkte in ihm frei.

Wieder warf er sich zurück, doch der Strick hielt seinem Gewicht stand.

Der zweite Krieger machte sich bereit, um erneut zu werfen, und das war einfach zu viel.

Schattenfell hatte etwas Platz gewonnen und ging auf diesen Mann los. Er stieg vor ihm hoch und ließ seine Hufe kreisen. Zwar traf er den Mann nicht, doch dieser musste ihm ausweichen und wich erschrocken zurück. Das Seil um seinen Hals straffte sich erneut bis zum Zerreißen, so dass Schattenfell daran gehindert wurde, ihm weiter nachzusetzen. Stattdessen drehte er sich um und lief auf den Krieger zu, der die Lederschnur in seinen Händen hielt. Dieser machte ein paar Schritte zurück und versuchte dann, ihn durch Zerren an der Leine unten zu behalten, aber er kam gegen die unbändige Kraft des Hengstes nicht an.

Er drohte ihn einfach über den Haufen zu rennen und mit seinen Hufen in den Boden zu stampfen.

Daraufhin musste der Indianer die Leine loslassen und wich vor der unkontrollierbaren Wildheit des Mustangs zurück.

Schattenfell bekam plötzlich wieder Luft und stürmte davon.

Die anderen Mustangs machten ihm Platz so schnell sie konnten, um ihm ja nicht im Weg zu stehen.

Der Zaun aus Baumstämmen kam immer näher, doch Schattenfell bremste nicht ab.

Ohne wirklich darüber nachzudenken, beschleunigte er sogar noch und sprang mit einem gewaltigen Satz über das Hindernis hinweg.

Aus dem Augenwinkel nahm er noch die Gestalt eines anderen Indianers wahr, der ihn mit weit aufgerissenem Mund anstarrte, aber keinen Finger rührte, um ihn aufzuhalten.

Mit drei großen Sätzen war er an ihm vorbei und jagte durch das ausgetrocknete Flussbett davon. Er passierte eine Gruppe Reiter, die ihn, auf ihren zahmen Mustangs sitzend, überrascht ansahen. Bevor sie auch nur reagieren konnten, war er bereits an ihnen vorbei, doch er hörte ihr Geschrei hinter sich losbrechen. Die Reiter folgten ihm, doch mit jeder Sekunde vergrößerte sich der Abstand zwischen ihnen und bald gaben sie entnervt auf.

Schattenfell lief so schnell er nur konnte.

Keiner der Mustangs konnte es an Geschwindigkeit und Ausdauer mit ihm aufnehmen und diese Stärke spielte er nun voll aus. Die Verfolger blieben hinter ihm zurück und er drehte sich nicht einmal zu ihnen um. Ihre Mustangs mussten dazu auch noch das Gewicht ihres Reiters tragen und damit hatten sie nicht einmal den Hauch einer Chance.

Er hatte jetzt das Flussbett passiert und brach in die freie Prärie aus. Die weite Graslandschaft lag offen vor ihm. Er hatte sich noch nie so frei gefühlt.

7. Der schwarze Mustang

Schneller Pfeil wurde durch die Unruhe im Zeltlager geweckt.

Er warf seine Decke zur Seite und sprang auf. Er hatte sich angewöhnt, gleich am Eingang des Tipis zu schlafen, so hatte er die Möglichkeit, unbemerkt rein- oder rauszuschlüpfen. Draußen sah er sich neugierig um, denn zu so früher Stunde ging es gewöhnlich deutlich ruhiger zu.

Kleiner Fuchs kam auf ihn zu gerannt, doch er sah schon an seinem fragenden Blick, dass auch er nichts Genaues wusste.

Einer der Krieger lief zu seinem Mustang.

„Grauer Wolf, was ist geschehen?", rief Schneller Pfeil ihm zu.

Dieser zuckte nur mit den Schultern und sprang auf.

„Einer der neuen Mustangs ist nicht mehr da", antwortete er.

Schneller Pfeil spürte wie die Erregung von ihm Besitz

ergriff.

„Das schwarze Geisterpferd", murmelte er halblaut vor sich hin, doch der Krieger hatte ihn verstanden.

Er machte eine Bewegung, um die bösen Geister abzuwehren.

„Die Steinwände sind hoch und er kann nicht durch die Luft geritten sein", meinte Grauer Wolf.

„Roter Fels und Adlerschwinge hatten die Nachtwache. Sie werden sich nicht von einem Pferd an der Nase herumführen lassen."

Schneller Pfeil zuckte unwillkürlich zusammen.

Er reagierte immer noch empfindlich, wenn er an ihre damalige Wache zurückdachte. Nur dass sie damals durch die Wölfe übertölpelt wurden und der schwarze Mustang die anderen Pferde aus der Gefahr befreit hatte.

Grauer Wolf ritt los und sie folgten ihm so schnell sie konnten.

Es waren schon einige Krieger am Eingang der Schlucht versammelt und ihre Anwesenheit machte die Herde nervös. Die Unruhe war fast greifbar.

Schneller Pfeil beobachtete die Pferde, doch er konnte den Schwarzen auch nicht sehen.

Roter Fels stand immer noch ziemlich fassungslos an den Baumstämmen und schüttelte zum wiederholten Mal den Kopf.

„Wir haben schon viele Mustangs so gefangen. Darunter stolze Tiere, die es gewohnt waren, ihren Willen durchsetzen. Doch dieser war anders."

Er machte eine Pause und sah zu der Herde hinüber, als müsste das Pferd, von dem er sprach, jeden Moment wieder auftauchen.

„Wir konnten ihn nicht bändigen. Er ging mit seinen Hufen auf uns los, als wäre ein Geist in ihn gefahren."
Grauer Wolf sah zu Schneller Pfeil hinüber. Schließlich hatte er den schwarzen Mustang als Geisterpferd bezeichnet. Doch Schneller Pfeil beachtete ihn nicht, da Roter Fels ihm in die Augen sah.

„Fast wäre es Adlerschwinge noch gelungen, ihm das andere Seil um den Hals zu werfen. Doch dann riss er sich los, rannte auf die Baumstämme zu und übersprang sie."

Grauer Wolf sah erstaunt zu dem Hindernis hinüber.

„Er soll da hinübergesprungen sein?" fragte er ungläubig.
Roter Fels nickte ungerührt.

„Er hat die Baumstämme nicht mal berührt."
Schneller Pfeil hatte sich auch umgedreht, um die Hürde zu begutachten.
Der Zaun reichte ihm bis zu zum Kinn und er konnte sich nicht vorstellen, dass ein Mustang da herüberkam.
Doch Roter Fels bestand darauf.

„Er hat noch meine Schlinge um den Hals, doch sie hat ihn nicht behindert."
Die anderen Krieger flüsterten miteinander. Dass ein Mustang, noch zumal dieser schwarze, aus ihrer Falle entkommen konnte, musste ein Zeichen sein.
Vielleicht waren hier übersinnliche Kräfte am Werk, die ihre Vorstellungskraft überstiegen.
Kleiner Fuchs berührte seinen Freund an der Schulter.
Schneller Pfeil sah ihn kurz an und nickte dann.

Gegen Mittag ritten sie los.

Sie hatten etwas Trockenfleisch mitgenommen.

Wasser würden sie unterwegs finden und zur Not würden sie auch einen oder zwei Tage ohne auskommen können.

Ihr Aufbruch wurde bemerkt, doch niemand stellte sie zur Rede.

Schneller Pfeil hatte nur seinen Vater, Roter Hirsch, informiert und der hatte nach kurzem Überlegen zugestimmt.

Indianer hatten einige Freiheiten und sie waren ja auch keine Kinder mehr.

Jeder von ihnen trug einen Bogen und hatte ein Messer im Gürtel.

Sie würden also nicht wehrlos sein.

Hinzu kam, dass das hier ihr Gebiet war.

Kaum ein anderer Indianerstamm traute sich so tief in ihr Gebiet vor. Selbst zur Büffeljagd stießen sie selten mit benachbarten Stämmen wie den Sioux oder Kiowa zusammen. Es gab genug Büffel für alle Präriestämme und deshalb musste man nicht gegeneinander kämpfen. Also hatte man sich mit ihnen geeinigt und seitdem herrschte eine gewisse Ruhe in der Prärie.

Natürlich führten die Comanchen trotzdem Krieg.

Im Frühjahr und Sommer waren ständig kleine Gruppen von ihnen unterwegs, um gegen ihre alten Feinde, die Apachen, zu kämpfen. Manchmal zogen sie auch gegen die Stämme der Tonkawa oder der Arapaho. Auch die Mexikaner waren nördlich des Rio Bravo nicht vor ihnen sicher. Junge Krieger mussten sich schließlich bewähren. Sie mussten mutig sein und Ruhm ernten, denn nur dann wurden sie als vollwertige Krieger angesehen.

Doch diese Kämpfe fanden viele Tagesritte entfernt statt und stellten für die Stammesgruppen im Kernland meistens keine Bedrohung dar.

Wer dann schließlich mit Beute oder Gefangenen heimkehrte, gewann die Achtung seiner Stammesmitglieder und seine Stimme wurde gehört.

Nach einigem Suchen fanden sie die einzelne Spur des Mustangs und folgten ihr in Richtung Nordwesten.

Schneller Pfeil konnte sich nicht wirklich erklären, was ihn überhaupt dazu veranlasst hatte, diesem Mustang hinterherzureiten.

Es war einfach ein Gefühl, dem er nachgeben musste.

Ihre Wege hatten sich nun bereits zum dritten Mal gekreuzt und er fühlte sich dem Schwarzen auf eine besondere Art verbunden. Spätestens seit der Mustang ihn vor dem Büffel gerettet hatte, kreisten seine Gedanken fast unentwegt um ihn.

Sie ritten über die weiten Grasflächen der Ebenen und die Sonne schien warm auf sie herab. Präriehunde beobachten sie.

Die flinken Nager spähten aufmerksam zu ihnen herüber. Kamen sie ihnen zu nah, ertönte ein schriller Pfiff und innerhalb von wenigen Sekunden verschwanden sämtliche Tiere in den Tiefen ihres Baus.

Schneller Pfeil lenkte seinen Mustang etwas zur Seite, denn die weitverzweigten Tunnel und Löcher konnten sich schnell als Stolperfallen erweisen.

Kleiner Fuchs ahmte ihren Warnruf nach, doch davon

ließen sich die Präriehunde nicht täuschen. Stattdessen tauchten nun ihre Köpfe wieder auf und sie sahen ihnen neugierig hinterher.

Schneller Pfeil lächelte flüchtig. Er genoss diesen Ausflug. Was konnte man mehr verlangen, als ein gutes Pferd und die Weite der Prärie?

Ein Blick zu seinem Freund zeigte ihm, dass der genauso empfand, und sie lächelten einander kurz zu.

Am späten Nachmittag erreichten sie einen Nebenfluss des Red River und durchquerten ihn. Hier hatte sich der Mustang wohl wieder beruhigt und zu sich gefunden.

An seinen Spuren sah man zumindest, dass er getrunken hatte. Danach bewegte er sich langsamer und seine Fährte führte nun nach Westen. Bisher war er einfach in Panik geflüchtet, doch nun schien er ein Ziel zu haben.

Ihnen blieb nichts anderes übrig, als der Spur weiter zu folgen. Sie konnten nur hoffen, dass er es jetzt deutlich ruhiger angehen lassen würde, denn sonst würden sie ihn nie einholen.

Gegen Abend schlugen sie ihr Lager in einer windgeschützten Mulde auf und aßen etwas von dem Trockenfleisch.

Schneller Pfeil verzichtete auf ein Feuer.

Es würde umherstreifende Krieger nur auf sie aufmerksam machen. Außerdem war es warm genug und sie mussten nicht frieren.

Kleiner Fuchs hatte das zähe Fleisch herunter geschlungen und wischte seine fettigen Hände im Gras ab. Dann sah er zu seinem Freund hinüber.

„Was machen wir eigentlich, wenn wir diesen Mustang gefunden haben?"

Schneller Pfeil steckte sich einen Grashalm zwischen die Lippen und blickte nachdenklich in den Himmel.

„Das werden wir wissen, wenn wir ihn eingeholt haben."

Kleiner Fuchs grinste träge, aber noch gab er nicht auf.

„Du meinst, du gehst einfach auf ihn zu und bittest ihn, deinen Hintern zukünftig über die Prärie zu tragen?"

Schneller Pfeil lächelte sparsam.

Er mochte seinen Freund, weil er die seltene Gabe hatte vorauszudenken. Er hingegen ließ sich lieber treiben und wartete ab, was geschah.

„Ich weiß noch nicht was passiert, wenn wir auf ihn treffen", stellte er klar.

„Aber ich muss ihn einfach wiedersehen und zwar allein."

Er streifte seinen Freund mit einem entschuldigenden Blick.

„Ohne dass der ganze Stamm dabei ist und mich nervös macht, meine ich."

Kleiner Fuchs nickte. Er hatte es auch nicht persönlich aufgefasst.

„Trotzdem glaube ich nicht, dass er uns schwanzwedelnd wie ein Hund entgegen kommen wird", gab er zu bedenken.

Schneller Pfeil warf den Grashalm weg und spuckte ein Stück davon auf den Boden.

„Auch wenn das alles zu gar nichts führt, muss ich das hier machen. Ich würde mir sonst ewig vorwerfen, dass ich es nicht versucht hätte."

Er sah zu seinem Freund hinüber.

„Und ja, ich bin froh, dass du mit gekommen bist."
Kleiner Fuchs legte seine Decke auf den Boden und ließ
sich mit einem wohligen Stöhnen darauf nieder.
„Einer muss ja auf dich aufpassen", murmelte er und war
gleich darauf eingeschlafen.

Sie brachen bereits in der Dämmerung auf, denn sie
hatten keine Zeit zu verlieren.
Zeit hatte für sie zwar eine völlig nebensächliche
Bedeutung, doch sie waren dem Mustang bisher kein
Stück näher gekommen. Er schien wie ein Getriebener
immer weiter vorwärts zu eilen und hatte die Distanz
zwischen ihnen eher noch vergrößert.
Schneller Pfeil zuckte mit den Schultern, als er am
nächsten Tag die Fährte untersuchte.
Dass das hier nicht schnell gehen würde, war ihm von
vornherein klar gewesen.
Am Nachmittag vermischten sich die Spuren mit denen
von Hunderten anderer Mustangs.
Hier war eine Herde durchgekommen und der Schwarze
hatte keine Anstalten gemacht, ihnen auszuweichen.
Der Boden war an mehreren Stellen völlig zertrampelt
und sie blieben stehen, um den Hergang deuten zu
können.
Kleiner Fuchs wies mit der Hand auf eine geradezu
vernarbte Grasfläche.
„Sie sind aneinandergeraten", murmelte er leise. Sein
Blick folgte den Spuren.
„Hier hat ein Kampf stattgefunden. Sie sind von Westen
gekommen und trafen dort mit ihm zusammen." Seine

Hand fuhr zu der angegebenen Stelle.

Schneller Pfeil legte eine Hand über die Augen um besser sehen zu können.

„Er muss geradezu durch sie hindurch gelaufen sein", sagte er.

Kleiner Fuchs nickte bedächtig und musterte seinen Freund.

„Der Leithengst wollte ihn vertreiben und stieß hier mit ihm zusammen. Das hätte ich gern gesehen."

Schneller Pfeil folgte der Spur mit den Augen.

Die breite Fährte schwenkte plötzlich nach Norden ab.

Man konnte sehen, dass die Herde wie vor einem Präriebrand geflüchtet war.

„Auf jeden Fall hat er ihnen Angst gemacht", sagte er.

„Mir auch", gab sein Freund zu.

„Ich habe noch nie von einem Mustang gehört, der sich so verhält. Als würden ihn böse Geister quälen." Er schüttelte ratlos den Kopf.

Schneller Pfeil kniff die Augen zusammen.

„Er hat mein Leben gerettet. Damit stehe ich in seiner Schuld. Was immer er auch für ein Geheimnis hat, ich werde es herausfinden."

Eine einsame Spur führte Richtung Westen weiter und sie folgten ihr.

Die Gegend wurde hügeliger und damit unübersichtlicher. In den Tälern und windgeschützten Stellen wuchsen nun Büsche und auch vereinzelte Bäume. Je weiter sie sich dem Colorado River näherten, desto mehr nahm der Bewuchs zu und bildete am Ufer ein streckenweise undurchdringliches Dickicht.

Sie fanden eine Stelle, an der sie ihre Pferde trinken lassen konnten, und sahen sich nach einem Lagerplatz um. Ihr Vorrat an Dörrfleisch war zu Ende gegangen und sie hatten Hunger.

Schneller Pfeil nahm seinen Bogen zur Hand und ging die Gegend erkunden. Er konnte keine anderen Spuren ausmachen, weder von Mensch noch Tier.

Kleiner Fuchs fesselte in der Zeit ihren Mustangs die Vorderbeine, so dass sie nicht zu weit weglaufen konnten. So würden sie nur kleine Schritte machen. Zum Fressen reichte das vollkommen und die Pferde blieben doch in ihrer Nähe.

Falls sie auf sie angewiesen wären, konnten sie sie leicht erreichen.

Dann setzte er sich und wartete.

Schneller Pfeil hatte den Köcher übergestreift und bereits einen Pfeil auf die Sehne des Bogens gelegt.

Hier in Flussnähe, musste es eine Menge Niederwild geben. Am liebsten würde er ein Präriehuhn erlegen, aber er war nicht wählerisch.

Seine Schritte waren vorsichtig und kaum zu hören.

Sie befanden sich schließlich nicht mehr in den Jagdgründen ihres Stammes. Dieses Gebiet wurde auch von anderen Indianern genutzt, die es auf der Suche nach Büffeln und Nahrung durchstreiften.

Darunter mochten befreundete Stämme sein, wie die Kiowa, die Schwarzfüße oder Cheyenne.

Sie konnten aber ebenso gut auf Krieger der Tonkawa

oder Arapaho treffen. Das waren ihre Todfeinde und deshalb wollte er kein Risiko eingehen.

Nach ein paar hundert Metern gelangte er an einen guten Zugang zum Fluss. An dieser Stelle gab es weniger Bewuchs und die Spuren im Gras sagten ihm, welche Tiere sich hier regelmäßig einfanden.

Die Tränke würde sich erst in der Nacht mit Leben füllen und so ging er weiter. Dabei machte er einen kleinen Bogen, um besser zum Wind zu stehen. Er wollte nicht, dass ihn sein Geruch bereits ankündigte, bevor er zum Schuss kommen konnte.

Das Ufergehölz war voller Geräusche. Vögel zwitscherten und ein übereifriges Eichhörnchen zeterte über seinem Kopf. Er verließ diesen Bereich, da der Lärm alle anderen Tiere warnen würde.

Nach einer Weile wurde der Bewuchs wieder etwas dichter. Mächtige Ahornbäume breiteten ihre Äste aus und sorgten für angenehmen Schatten. Einige Bäume ragten mit ihren Wurzeln bis in den Fluss und das Wasser zog träge an ihnen vorbei.

Durch die Büsche brach plötzlich ein Rudel Antilopen und sein Arm, der den Bogen hielt, ruckte hoch. Blitzschnell schoss er seinen Pfeil ab und behielt sein Ziel dabei genau im Auge. Die letzte Antilope wurde in den Hals getroffen und brach auf der Stelle zusammen. Schneller Pfeil eilte auf seine Beute zu und gab dem Tier den Gnadenstoß.

Er war mit sich und seinem Jagderfolg zufrieden. Mit etwas Mühe nahm er den schweren Antilopenkörper auf die Schulter und machte sich auf den Rückweg.

Jetzt hatte er zwar ein ordentliches Gewicht zu tragen,

musste aber nicht mehr auf jedes Geräusch achten.

Mit einer stolzen Bewegung legte er seinem Freund die Beute vor die Füße.

Kleiner Fuchs hatte schon trockenes Holz geholt und alles für ein kleines Feuer vorbereitet. Bereitwillig nahm er die Antilope aus und zog ihr auch das Fell ab.

Bald roch es verführerisch nach gebratenem Fleisch und erst da merkten beide, wie hungrig sie waren.

Sie verbrannten sich beim Essen fast die Finger, aber keiner von ihnen wollte warten, bis es abgekühlt war. Sie ließen noch genug für ein Frühstück übrig und legten sich dann schlafen.

In der Nacht schreckte Schneller Pfeil plötzlich hoch und lauschte angespannt in die Nacht.

Etwas hatte ihn geweckt, aber er konnte das Geräusch nicht einordnen.

Da!

Nun ertönte es wieder und jetzt hatte es auch Kleiner Fuchs gehört, der sich halb aufrichtete.

In der Dunkelheit konnte er die Miene des Freundes nicht genau sehen, aber er spürte die Anspannung fast körperlich.

Wieder trug der Wind etwas zu ihnen herüber.

Es klang, als wenn sich jemand einen Weg durch dichtes Geäst bahnen würde. Doch das war es nicht allein.

Gleichzeitig meinte er ein Stöhnen zu hören.

Schneller Pfeil konnte es nicht besser beschreiben und er merkte, wie sich seine feinen Härchen im Nacken aufrichteten.

Ihr kleines Feuer hatten sie nach dem Essen ausgemacht

und für einen Moment war er ganz froh, dass der Freund sein Gesicht jetzt nicht sehen konnte.

Die alten Männer hatten viele Geschichten zu erzählen, in denen es um Geister und Dämonen ging.

Schneller Pfeil hatte manchmal den Verdacht, dass sie sich einige von ihnen ausgedacht hatten.

Aber sie waren gut und vor allem spannend.

Manche von ihnen ließen die Zuhörer kaum Luft holen.

Man war versucht, nach dem Arm des Sitznachbarn zu greifen, um sich zu versichern, dass man nicht allein war.

Genauso ging es Schneller Pfeil gerade.

Nur dass sie jetzt nicht an einem prasselnden Lagerfeuer inmitten ihres Stammes waren, sondern ein paar Tagesritte davon entfernt.

Seine Augen hatten sich mittlerweile an die Dunkelheit gewöhnt und er konnte den angespannten Gesichtsausdruck seines Freundes sehen.

„Willst du hingehen und nachsehen, was es ist?"

Seine Stimme war so leise, dass sie kaum zu verstehen war.

Trotz der Dunkelheit konnte er sehen wie Kleiner Fuchs den Kopf schüttelte.

„Geh nur allein, ich bin zu müde, um neugierig zu sein."

Mit diesen Worten legte er sich wieder hin und dreht sich auf die Seite.

Schneller Pfeil konnte es nicht genau erkennen, aber er war sich sicher, dass der Freund seine Augen noch offen hatte.

Scheinbar gleichgültig zuckte er mit den Schultern.

Dem Mond nach zu urteilen, würde die Sonne in ungefähr

vier Stunden aufgehen.

Doch er wusste, dass er nicht noch einmal einschlafen würde, und sein Stolz verbot es ihm, sich selbst etwas vorzumachen.

Mit einem Griff versicherte er sich, dass er sein Messer bei sich trug.

„Falls ich Hilfe brauchen sollte, kommst du dann oder bist du dann immer noch zu müde?"

Kleiner Fuchs schwang mit einem verärgerten Schnalzen die Decke zur Seite und stand auf.

Wenn er jetzt nicht mitgehen würde, würde sein Freund ihn damit ein Leben lang aufziehen, soviel war sicher.

Er stellte sich neben ihn und beide versuchten, die Dunkelheit mit ihren Augen zu durchdringen.

„Wenn das irgendein Nachtgeist oder Dämon ist, den wir verärgert haben, dann bin ich schneller weg als du „Lauf weg!" sagen kannst."

Er sah kurz zu seinem Freund hinüber.

„Steh mir dann besser nicht im Weg."

Schneller Pfeil antwortete genauso leise.

„Wenn da wirklich ein Nachtgeist auf uns wartet, werde ich bereits ein ganzes Stück vor dir laufen."

Man hörte seiner Stimme an, dass er lächelte.

„Versuche dann einfach, an mir dran zu bleiben."

Dann gab er sich einen Ruck und bewegte sich vorwärts, so dass seinem Freund gar nichts anderes übrig blieb, als ihm zu folgen.

Schneller Pfeil kannte den Weg zum Teil schon von seinem Jagdausflug, doch nachts trugen die Geräusche weit. Sie gelangten an die Wildtränke, an der er auf die Antilopenherde gestoßen war.

Eigentlich sollte sie nachts besonders gut besucht sein, doch er konnte kein einziges Tier entdecken. Etwas musste sie verscheucht haben und er konnte sich sehr gut vorstellen, was es war.

Zumindest konnten sie nun keine fremden Geräusche mehr wahrnehmen. Kein Brechen von Ästen oder dieses unheimliche Stöhnen war mehr zu hören.

Vorsichtig, fast zögernd, gingen sie weiter.

Schneller Pfeil ertappte sich dabei, dass seine Rechte den Griff des Messers fest umklammert hielt.

Fast etwas widerwillig löste er die Hand.

Den Mund hatte er unbewusst geöffnet, als könne er dadurch die Laute der Nacht besser erahnen.

Kleiner Fuchs war unmittelbar hinter ihm und stieß ihn jetzt an.

Da war es wieder!

Er hatte es auch gehört.

Dieses Stöhnen, vielleicht auch ein Röcheln, es war schwer zu sagen.

Es klang auf jeden Fall deutlich leiser als vorher und es war jetzt viel näher.

Bisher waren sie durch lichte Sträucher mit größeren freien Flächen gegangen. Unter dem helleren Himmel hatte man zumindest sehen können, wohin man seinen Fuß setzte.

Nun ragten vor ihnen wieder höhere Büsche und auch einige Bäume in den Himmel, deren Schatten für sie undurchdringlich waren.

Schneller Pfeil musste sich fast zwingen, einen weiteren Schritt zu machen.

Sein Freund hatte nun eine Hand auf seine Schulter gelegt und schien seine Unsicherheit zu spüren.

Auch wenn er sich dafür fast ein wenig schämte, war er Kleiner Fuchs für diese Geste doch dankbar.

Schneller Pfeil konnte spüren, dass vor ihnen etwas in der Dunkelheit war.

Er hatte nicht die leiseste Ahnung, was sie gleich erwartete und es war ihm auch lieber so.

Vor ihnen scharrte etwas über den Boden.

Laub raschelte, ein paar Zweige knackten und dann tauchte kaum zehn Meter von ihnen entfernt ein großer Schatten auf.

Schneller Pfeil hielt erneut den Griff des Messers umklammert, während sein Atem aussetzte.

Der Schatten richtete sich zur vollen Größe auf und er überragte sie.

Gleichzeitig setzte wieder dieses nervenaufreibende Seufzen ein, welches dann in ein Röcheln überging.

Der Schatten sackte wieder in sich zusammen und sein schwerer Körper drückte das Dickicht nieder.

Schneller Pfeil spürte, wie ihm ein Schweißtropfen über die Stirn lief, und er rieb ihn gedankenverloren weg.

Seine Augen hatten sich nun an die Dunkelheit gewöhnt und er konnte sehen, was da vor ihnen lag.

Er bewegte seinen Kopf etwas zur Seite, ohne die Augen von dem Körper vor ihm abzuwenden.

„Wir haben uns beide geirrt. Es ist doch ein Geist."

In dieser Nacht fanden sie keinen Schlaf mehr.

Kleiner Fuchs ging zurück und brach ihr Lager ab. Er verstaute ihre paar Habseligkeiten so gut es bei Nacht ging und führte ihre Pferde dann her.

Schneller Pfeil blieb unter dem fast vollkommenen Schatten der Bäume.

Er wollte sich dem Geisterpferd nicht zu sehr nähern, denn er hatte Angst, dass es unruhig werden würde.

Er nahm zumindest an, dass es der schwarze Mustang sein musste, der hier vor ihm lag, denn um welches Pferd sollte es sich sonst handeln.

Der Mustang hatte sich wieder etwas beruhigt und das Stöhnen ließ nach.

Es hatte den Anschein, als würden die Schmerzen im Liegen erträglicher sein.

Schneller Pfeil konnte nicht erkennen, was ihm denn so zusetzte, aber irgendetwas musste ihn festhalten und sich dabei um seinen Hals legen.

Bei jedem anderen Pferd wäre er sofort hingegangen und hätte versucht, es mit seinen Händen zu ertasten, aber das hier war nicht irgendein Pferd.

Dieser Mustang hatte sein Leben gerettet und er fühlte sich ihm auf eine merkwürdige Weise verbunden.

Zudem hatte er es Dinge tun sehen, die kein normaler Mustang je tun würde.

Also war es wohl besser, etwas Abstand zu bewahren und abzuwarten.

Bald hörte er Kleiner Fuchs näher kommen und ging ihm entgegen, damit er die Stelle wiederfand.

Anschließend setzten sie sich beide in gebührendem

Abstand von dem schwarzen Mustang hin und überlegten.

„Was ist, wenn er stirbt?"

Kleiner Fuchs sah sorgenvoll zu ihm hinüber. Ihre gemeinsame Angst von vorhin war schon wieder vergessen.

„Er wird nicht sterben", meinte Schneller Pfeil beruhigend, auch wenn er sich keineswegs sicher war.

„Wir sprechen hier schließlich von dem Geisterpferd. Morgen werden wir sehen, was ihn quält, und vielleicht können wir ihm helfen."

Kleiner Fuchs sah zu einem Baum hoch, auf dem sich ein Eichelhäher lauthals über seine gestörte Nachtruhe beschwerte.

„Falls wir ihm wirklich helfen können, willst du ihn dann zähmen und mitnehmen?"

Schneller Pfeil nickte ernst.

„Wir wollen erst einmal abwarten, ob er unsere Hilfe überhaupt will. Du hast ja gesehen, wozu er fähig ist, wenn etwas nicht nach seinem Kopf geht."

Kleiner Fuchs musste lachen.

„Wenn wir ihn befreit haben sollten und er läuft auf und davon, werde ich ihn nicht weiter verfolgen."

Sein Begleiter nickte zustimmend.

„Es ist seine Entscheidung. Ich glaube auch nicht, dass man ihm einen fremden Willen aufzwingen kann."

Dann schwiegen sie beide.

Schneller Pfeil rückte etwas dichter an den Mustang heran und sang mit leiser Stimme für ihn.

Er hatte die Erfahrung gemacht, dass Pferde Vertrauen

gewinnen müssen, um Nähe zuzulassen.

Gewöhnten sie sich erst einmal an die Stimme, an den Geruch und an das Äußere, gewann man vielmehr ihre Zuneigung. Das Lieblingspony seines Vaters wurde niemals eingesperrt, sondern lief ihm oft wie ein treuer Hund hinterher. Es tat alles für seinen Herrn und sein Vater liebte es und ließ keinen anderen darauf reiten.

Er beendete sein Lied, in dem es um das stolze Band zwischen Freunden ging, und holte seine Holzflöte heraus. Er liebte es darauf zu spielen.

Als Kind hatten sie sich gegenseitig ihren Mut bewiesen, indem sie die Nacht allein bei den Pferden verbracht hatten. Das war nicht ungefährlich gewesen, denn es konnten sich Wölfe heranschleichen oder andere Räuber. Dann hatte er auf seiner selbst geschnitzten Flöte gespielt und seine Angst war verflogen.

Die Mustangs hatten dann immer seine unmittelbare Nähe gesucht und er war erstaunt, wie sehr sie seine Melodien zu mögen schienen. Ihre Ohren spielte dann aufmerksam hin und her und bei ein paar bekannten Tonfolgen schnaubten sie manchmal, als würden sie sie freuen.

Langsam begann er zu spielen.

Er kannte viele Lieder und in dieser Nacht spielte er sie alle.

Der Schwarze versuchte nicht mehr aufzustehen, was sowohl ein gutes, aber auch ein schlechtes Zeichen sein konnte. Vielleicht hatte ihn das Flötenspiel beruhigt, so dass er von weiteren Versuchen absah. Es konnte aber genauso gut sein, dass er bereits zu schwach war, um einen neuen Anlauf zu wagen. Daran konnten sie nichts ändern und so warteten sie auf den Morgen.

Die Stunden vergingen zäh, doch sie konnten warten.

Sein Vater hatte Kleiner Fuchs und ihn als Jungen oft genug mit auf die Jagd genommen.

Dabei kam es nicht nur darauf an, sich den Tieren möglichst dicht und unbemerkt zu nähern, sondern auch die nötige Geduld mitzubringen.

Wer zu früh schoss und fehlte, kam ohne Beute nach Hause und musste hungern. Deshalb hieß er sie warten und erst wenn alle Umstände für sie sprachen, durften sie schießen.

Der Mustang hob jetzt seinen Kopf ein kleines Stück an und Schneller Pfeil war sich sicher, dass er ihm genau in die Augen sah. Er spielte weiter und der Kopf senkte sich wieder.

Unmerklich dämmerte es.

Graue Nebelschwaden zogen am Flussufer entlang und lösten sich dann in nichts auf.

Schneller Pfeil konnte jetzt mehr als nur die Umrisse erkennen.

Um den Hals des Mustangs lag eine geflochtene Lederschnur, wie die Comanchen sie verwendeten.

Einer der Krieger musste ihm das Seil noch über den Kopf geworfen haben und war dann wohl vor seinen Huftritten zurückgewichen. Der Schwarze hatte sich losgerissen und war mit einem gewaltigen Satz über die Baumstämme gesprungen.

Diese Lederschnur war ihm nun zum Verhängnis geworden.

Die Schlinge hatte sich im Geäst völlig verheddert und zog sich bei jeder Anstrengung nur noch weiter zu.

Das Röcheln hatte mittlerweile deutlich nachgelassen, doch nur weil der Mustang keine Kraft mehr hatte, um erneut aufzustehen.

Schneller Pfeil wollte sich lieber nicht ausmalen, was passiert wäre, wenn sie ihn nicht gefunden hätten.

Ob es rechtzeitig war, würde sich noch zeigen, denn das Tier war am Ende seiner Kräfte.

Die Lederschnur hatte aufgeschürfte Stellen an seinem Hals hinterlassen.

Die Schlinge saß so tief, dass er nicht aufrecht stehen konnte, und doch wieder zu hoch, um zu liegen.

Krampfhaft versuchte der Schwarze den Kopf hoch zu halten, um überhaupt noch Luft zu bekommen.

Kleiner Fuchs stand auf und ging einen Schritt auf das Pferd zu und sofort versucht es sich aufzurichten. Dabei brach es jedoch gleich wieder in die Knie, aber es reckte abwehrend die Hufe in seine Richtung.

Schneller Pfeil gebot seinem Freund mit einem Zeichen stehen zu bleiben.

Er selbst führte die Flöte zum Mund und begann eine Melodie zu spielen.

Der Mustang ächzte schwer und ließ sich erneut in seine halb liegende Stellung nieder.

Schneller Pfeil näherte sich ihm behutsam.

Mit jedem Lied kam er ihm höchsten einen Fußbreit dichter.

Er sah die schwarzen Augen jetzt ganz deutlich, die ihn

schmerzvoll und leidend ansahen. Doch er erkannte auch den Trotz, sich nicht unterwerfen zu wollen, und den starken Lebenswillen in ihnen.

Endlich stand er unmittelbar neben ihm.

Er wusste nicht, wie viel Zeit vergangen war, und hatte jedes Gefühl dafür verloren.

Mit einer langsamen, fast sanften Bewegung legte er seine Hand auf die Kuppe des Schwarzen.

Dabei spielte er unentwegt weiter.

Ein warnendes Schnauben erklang, doch es war kaum hörbar und er wusste, dass er sich jetzt bald dazu durchringen musste.

Er legte die Flöte vorsichtig zur Seite, da er nun beide Hände brauchen würde, und sang dafür wieder mit beruhigender Stimme.

Erneut spitzte der Mustang die Ohren, aber es war nur ein kurzes Lebenszeichen.

Schneller Pfeil hatte nun sein Messer gezogen und musterte kurz die geflochtene Lederschnur.

Er wählte eine Stelle aus, an der er die Klinge ansetzen würde, und atmete tief ein.

Mit einer schnellen Bewegung fuhr das scharfe Messer in Richtung Seil und alles setzte sich in Bewegung.

Die Schnur riss mit einem peitschenden Geräusch. Das niedergedrückte Geäst schnellte wieder nach oben und Schneller Pfeil wich ein Stück zurück.

Der Mustang kam auf die Beine.

Für einen Moment sah es so aus, als würde sich das Tier durchs Dickicht an den jungen Kriegern vorbeidrängen, doch dann drehte es sich um.

Die schwarzen Augen schienen sich ihr Aussehen einzuprägen und dann ging ein Zittern durch die Gestalt. Die Hinterläufe knickten ein und der Mustang fiel mit einer hilflosen Geste zu Boden.

Schneller Pfeil verharrte bewegungslos an seinem Platz und spürte sein Herz bis zum Hals pochen.
Er wusste nicht, was er wirklich erwartet hatte.
Das der Schwarze an ihm vorbeistürmte und sich auf und davon machte? Oder dass er auf ihn zu kam und den Kopf zutraulich an seiner Schulter rieb?
Der Mustang lag völlig entkräftet vor ihm und war jetzt total still.
Sein Leib war feucht von Schweiß und seine Flanken zitterten. Er musste Stunden in höchster Not verbracht haben.
Das Luftholen schien ihm nun zumindest leichter zu fallen, denn das nervenaufreibende Röcheln war verstummt.
Schneller Pfeil tauschte einen Blick mit seinem Freund und setzte sich dann wieder.
Wenn er sich etwas erworben hatte, dann Geduld.
Langsam holte er die Flöte wieder heraus und spielte weiter.
Nach einiger Zeit bemerkte er, dass die Ohren hin und wieder zuckten, um seinem Spiel zu lauschen.
Er nahm das als gutes Zeichen.
Der Tag verging, ohne dass etwas Entscheidendes geschah.
Kleiner Fuchs hatte sich zwischendurch von ihnen entfernt und für etwas zu essen gesorgt.

Lächelnd zeigte er seinem Freund zwei Enten und machte sich an die Zubereitung.

Sorgfältig achtete er darauf, das Feuer weit genug entfernt anzulegen, um den Schwarzen nicht zu beunruhigen.

Schneller Pfeil hatte sein Spiel für einen Moment unterbrochen und bemerkte dann, wie der Mustang ihn musterte. Es war nur ein kurzer Augenblick, doch er konnte seinen Blick deutlich spüren. Er spielte weiter und bemerke, wie sich sein Körper wieder entspannte.

Der Schwarze reagierte auf ihn. Das war zumindest ein Anfang.

Am nächsten Morgen wachte Kleiner Fuchs auf und sah sich um. Für einen Moment wusste er nicht wo er war, bis die Erinnerung ihn wieder einholte.

Die Decke seines Freundes lag nicht an ihrem Platz und von ihm selbst war auch nichts zu sehen.

Er konnte von ihrem Lagerplatz die Stelle im Dickicht nicht genau einsehen, aber er hatte ihn dort zumindest nicht bemerkt.

Langsam näherte er sich dem Gestrüpp, bis er einen besseren Blickwinkel hatte und hielt überrascht die Luft an.

Schneller Pfeil saß nicht an seinem gestrigen Platz.

Er hatte sich so dicht neben den Schwarzen gesetzt, dass seine Hand nun auf dessen Kopf ruhte.

Der Mustang war sorgfältig mit der Schlafdecke seines Freundes zugedeckt und hatte die Augen geschlossen.

Nur seine Ohren zuckten manchmal, wenn sich die Melodie des Liedes änderte, das ihm vorgetragen wurde.

Kleiner Fuchs lächelte anerkennend.

Er hatte seine Zweifel gehabt, das gab er gerne zu. Doch sein Freund hatte das richtige Gespür für den Moment aufbringen können. Er war gespannt, wie es weitergehen würde.

So vorsichtig wie er sich genähert hatte, entfernte er sich auch wieder und ließ die beiden allein.

Schneller Pfeil hatte jedes Gefühl für die Zeit verloren. Er spürte weder Hunger noch Müdigkeit. Manchmal erwischte er sich dabei, dass er kurz einnickte und sein Kopf zur Seite sank. Dann schreckte er nach einer Weile hoch und war beruhigt, wenn er den Mustang noch vor sich liegen sah.

Er hatte die Schlinge von seinem Hals entfernt und ihm die Stellen mit Kräutern bedeckt und ein feuchtes Tuch herum gebunden. Eigentlich hatte er mit Widerstand gerechnet, doch der Schwarze war zu schwach, um sich ernsthaft zu wehren.

Schneller Pfeil wusste, dass es wichtig war, ihm etwas zu trinken zu geben. Er hatte keinen Eimer und bat seinen Freund, aus einem Lederbeutel etwas zu basteln, das sich dafür eignen würde.

Kleiner Fuchs musste ein wenig probieren, aber schließlich hatte er eine zufriedenstellende Lösung gefunden. Der Lederbeutel war nun teilweise aufgetrennt und mit einigen Zweigen verstärkt zu einer Schüssel geformt. Dieses etwas ungewöhnlich aussehende Gefäß hielt sogar leidlich das Wasser und schneller Pfeil nickte ihm dankbar zu, als er es ihnen brachte.

Behutsam tauchte er einen Lappen ins klare Nass und rieb vorsichtig über die Nüstern des Mustangs.

Das Maul öffnete sich einen Spalt und dann drückte er langsam ein paar Tropfen aus dem Tuch hinein. Das Ganze dauerte lange, denn ein richtiges Schlucken war in dieser Lage nicht möglich.

In dieser Nacht schlief der Schwarze zum ersten Mal tief und ruhig, ohne ständig aufzuschrecken.

Schneller Pfeil gab seinem Schlafbedürfnis ebenfalls nur zu gern nach. Bisher war daran nicht zu denken gewesen, da ihm die Sorge um seinen neuen Freund dies nicht gestattet hätte.

Morgens wachte er als Erster auf und ging sich die Beine vertreten.

Das lange Sitzen hatte sie ganz taub werden lassen und die Bewegung tat ihm gut.

Sein Freund hatte noch etwas Fleisch für ihn zurechtgelegt und er biss hungrig hinein.

Kleiner Fuchs wurde dadurch wach und drehte sich zu ihm um.

„Wie macht sich unser Geisterpferd?"

Schneller Pfeil schluckte den Bissen herunter, an dem er gerade noch kaute.

„Er ist stark."

In seiner Stimme klang Stolz auf seinen neuen Freund mit.

„Er wird heute aufstehen und leben oder liegen bleiben und sterben."

Kleiner Fuchs nickte.

Dann sah er an seinem Freund vorbei.

„Ich glaube, er hat sich fürs Erste entschieden."

Schneller Pfeil fuhr herum und sah erstaunt hinter sich. Der Mustang war an den Rand des Ufergestrüpps getreten und blieb dort unsicher im Halbschatten stehen. Die aufgegangene Sonne stand noch tief und legte einen grellen Streifen wie einen Vorhang vor das offene Gelände. Der Schwarze zögerte, diese Barriere zu überwinden. Er hatte mehrere Tage im Schatten der Bäume verbracht und musste sich nun erst wieder an die Helligkeit gewöhnen.

Die Freunde sahen seinem Kampf gebannt zu.

Es war, als müsste er die Grenze hin zum Leben überschreiten, um mit der Vergangenheit abzuschließen. Endlich siegte sein starker Wille und er setzte zögernd einen Huf vor den anderen.

Dann blickte er forschend in ihre Richtung, als wolle er Anerkennung für diese Leistung einfordern.

Schließlich senkte er den Kopf zu dem taufrischen Gras herab und begann zu fressen.

Kleiner Fuchs warf seinem Freund einen schnellen Seitenblick zu.

„Er ist nicht weggelaufen. Wahrscheinlich ist er noch zu schwach", fügte er mit dem Anflug eines Lächelns hinzu.

Schneller Pfeil wollte nicht zeigen, wie angespannt er war. Tatsächlich hatte er genau das befürchtet, doch er verbarg seine Gefühle hinter einer undurchdringlichen Miene.

Dafür nahm er seine Flöte an den Mund und begann zu spielen.

Der Mustang hatte sofort die Ohren gespitzt und hob nun seinen Kopf.

Neugierig blickte er zu den jungen Männern hinüber.

Dann graste er weiter, doch Kleiner Fuchs bemerkte mit Spannung, dass er dabei unmerklich immer dichter kam.

Bald stand er kaum ein paar Armlängen entfernt und tat dann so, als würde er es überhaupt nicht bemerken.

Schneller Pfeil setzt die Flöte schließlich ab und stand auf. Er tat es mit ruhigen, überdachten Bewegungen, um den Schwarzen nicht zu verscheuchen.

Er stimmte ein Lied an und sang mit angenehmer Stimme halblaut vor sich her.

Beide näherten sich wie zufällig immer mehr, bis sie sich schließlich unmittelbar gegenüber standen.

Schneller Pfeil spürte sein Herz in der Brust hämmern. Er war aufgeregt, doch er durfte sich nichts anmerken lassen.

Mit einer beiläufigen Geste hob er die rechte Hand.

Als würden sie sich seit Jahren kennen, überwand der Schwarze die kurze Entfernung, die sie noch voneinander trennte, und berührte mit seiner Stirn die Hand.

Schneller Pfeil streichelte sanft über seinen Kopf und fuhr dann über die Nüstern. Er spürte, wie sich der Mustang an seine Hand drückte, und bewunderte das glänzende Fell, dass in der Sonne noch dunkler aussah.

Der Schwarze schnaubte und für den jungen Krieger drückte es Zufriedenheit und Vertrauen aus.

Kleiner Fuchs hatte den beiden wortlos zugesehen und blinzelte nun wegen der Helligkeit.

Wenn er es nicht selbst gesehen hätte, würde er es nicht

glauben. Alle im Dorf hatten über den seltsamen Mustang gerätselt und über ihn gesprochen. Er hatte für Bewunderung gesorgt, als er die Einsperrung überwunden hatte, denn die Comanchen respektierten Mut.

Dabei hatten Schneller Pfeil und er noch niemanden von ihren wiederholten Zusammentreffen mit dem Mustang erzählt, denn diese kamen ihnen im Nachhinein selbst wie ein Traum vor.

Unter sich sprachen sie manchmal von ihm als das Geisterpferd. Zu besonders und auch anders erschien er ihnen. Doch nun stand dieses geheimnisvolle Pferd nur ein paar Längen entfernt und ließ sich von seinem Freund liebkosen.

Kleiner Fuchs schüttelte ungläubig den Kopf.

Sein Freund sah es und für einen winzigen Moment stahl sich ein glückliches, stolzes Lächeln auf sein Gesicht, bevor er sich wieder ganz seinem neuen Freund widmete.

Sie beschlossen, noch den Tag hier zu verbringen, damit der Schwarze sich etwas erholen konnte. Dann würden sie wieder nach Hause reiten und sehen was passierte.

Den ganzen nächsten Tag schaute sich kleiner Fuchs ständig nach dem Mustang um.

„Er ist immer noch hinter uns", bemerkte er irgendwann erstaunt.

Sein Freund ruckte kurz das Kinn hoch, als wäre es müßig, über eine solche Selbstverständlichkeit zu sprechen.

„Irgendetwas muss du ja an dir haben, das mir bisher völlig entgangen ist."

Kleiner Fuchs lächelte vor sich hin.

„Aber dass es dann ein Pferd ist, das diesen guten Kern in dir erkennt, wundert mich dann doch."

Schneller Pfeil warf seinem Freund einen vernichtenden Blick zu.

Doch Kleiner Fuchs hatte auch keine Antwort erwartet und schaute, mit sich und der Welt zufrieden, zu dem schwarzen Mustang hinüber.

Sie benötigten über eine Woche nach Hause.

Der Hinweg war ihnen wesentlich kürzer vorgekommen, da sie einfach den Spuren weiter ins Ungewisse folgten.

Nun waren sie zufrieden und wollten einfach nach Hause.

Die Landschaft veränderte sich und die Prärie wurde wieder flacher und weiter.

Bald sahen sie Spuren von Antilopen und anderen Herdentieren und am fünften Tag wurden sie über Kilometer hinweg von einer großen Büffelherde begleitet.

Der Anblick von Büffeln versetzte jeden Indianer in Hochstimmung.

Büffel, das waren nicht nur Fellberge, die den Hunger stillten. Ihr Fleisch wurde in Streifen geschnitten und getrocknet und brachte sie durch den Winter. Ihr warmes Fell wärmte sie in den kalten Monaten und selbst ihre Knochen und Sehnen wurden verarbeitet.

Am liebsten war Schneller Pfeil allerdings das Herz, denn damit hoffte er die Kraft des großen Tieres in sich aufzunehmen.

Allein würden sie sich nicht an die Herde wagen. Wie sie selbst schon erleben mussten, war die Büffeljagd gefährlich. Zudem würde ein übereilter Angriff die Herde in Bewegung setzten und sie vielleicht zerstreuen und es war besser, sie weiter in Ruhe ziehen zu lassen.

Ihre eigenen Späher würden sie bald ausmachen und dann konnte der Stamm eine gemeinsame, große Jagd vorbereiten, falls sie denn noch mehr Fleisch brauchen würden.

Der Mustang hatte die graubraunen Ungetüme nur kurz gemustert, aber sie schienen ihn nicht weiter zu beunruhigen. Willig trottete er den beiden Reitern hinterher.

Schneller Pfeil spürte die Vorfreude in sich anwachsen. Er brachte das Geisterpferd mit zurück.

Kein anderer Krieger nannte so ein Pony sein eigen und das erfüllte ihn mit Stolz.

Bisher hatte er bei Wettrennen nur mittlere Plätze belegt. Sein Mustang war zwar gut und auch ausdauernd, aber eben nicht der Schnellste. Das würde sich nun wohl hoffentlich ändern.

Aber noch etwas anderes kam hinzu.

Ein paar der jungen Männer hatten sich schon als Kämpfer hervorgetan und brüsteten sich mit ihren angeblichen Heldentaten. Sie gewannen damit Achtung und Aufmerksamkeit.

Die älteren Krieger gaben solchen erfolgreichen Männern nur zu gern ihre Tochter, denn damit fiel ein Teil des Ruhms auch auf sie.

Nun würden sie etwas zum Staunen bekommen und die Angeber große Augen.

Bald schon näherten sie sich ihrem Dorf. Es lag in einem Tal direkt an einem kleinen Bach.

Lange bevor sie die ersten Zelte erreichten, kamen ihnen einige Kinder auf ihren Ponys entgegen und umkreisten sie, während sie die Ankömmlinge mit schrillen Schreien willkommen hießen.

Dann bemerkten sie den schwarzen Mustang, der ihnen in einigem Abstand folgte, und verstummten plötzlich.

Nicht nur das Pferd war ungewöhnlich, sondern auch was es tat.

Sie hatten die Geschichten der Erwachsenen gehört und waren auf einmal verunsichert.

Dann bemerkten sie, dass der schwarze Mustang Schneller Pfeil hinterher kam und brachen in Jubelschreie aus. So ritten sie ins Dorf.

Viele sahen ihnen entgegen, die wissen wollten, was das Geschrei zu bedeuten hatte.

Doch Schneller Pfeil und Kleiner Fuchs waren keine Kinder mehr.

Sie ritten ruhig zu ihren Zelten und taten so gleichmütig, als wären sie nur für eine Stunde weg gewesen.

Ohne sich nach seinem Schatten umzudrehen, nickte Schneller Pfeil seinem Vater zu, der mit seinem Bruder vor dem Tipi seine Pfeife rauchte.

Roter Hirsch sah seinem Sohn ruhig entgegen und erfasste die Situation sofort.

Er warf seinem Bruder einen schnellen Blick zu und deutete dann ohne ein Wort auf die Decke neben sich.

Schneller Pfeil bemerkte, wie ihn sein Onkel mit einem anerkennenden Grinsen anblickte, während sein Vater mit einem kaum wahrnehmbaren Lächeln auf seine Pfeife sah.

„Du bist wieder zurück", stellte er nicht sehr überrascht fest.

Rabenfeder, sein Onkel, hielt sich weniger zurück.

„Ein Antilopenfell hast du mitgebracht. Das ist gut. Auch wenn es den Wert des Fells mindert, wenn das Tier an Altersschwäche gestorben ist."

Er lächelte und Schneller Pfeil wurde wieder einmal klar, wie gern er seinen lebhaften Onkel hatte.

Im Gegensatz zu seinem Vater, der ihn vorbehaltlos liebte und sich oft zurückhielt, war sein Onkel schnell mit einem Tadel zur Hand. Dafür sparte er aber auch nicht an Lob, wenn er es für angebracht hielt.

„Du könntest es gegen einen schönen Mustang eintauschen, aber ich vermute, daran bist du im Augenblick nicht besonders interessiert, habe ich Recht?"

Schneller Pfeil schüttelte nur den Kopf und diese Geste ließ keinen Raum für Zweifel.

Rabenfeder verzog das Gesicht. „Das habe ich mir gedacht."

Er nahm die Pfeife von seinem Bruder entgegen und tat einen tiefen Zug, bevor er ihn wieder ansah.

„Wollt ihr euch das Geisterpferd teilen? So nennt ihr es doch, oder?"

Schneller Pfeil nickte.

„Ja. Und nein."

Er sah den fragenden Blick seines Onkels.

„Der schwarze Mustang gehört zu mir. Er hat mir das Leben gerettet."

Roter Hirsch richtete den Blick auffordernd auf seinen Sohn und so erzählte er von der Büffeljagd und ihrer

Suche nach dem Mustang.

Vater und Onkel hörten interessiert zu und unterbrachen ihn nicht. Abwechselnd sogen sie an der Pfeife und überdachten die Worte von Schneller Pfeil sorgfältig.

So etwas war ungewöhnlich, aber da es Schneller Pfeil erzählte, musste es wahr sein.

Er würde sie nie anlügen.

Roter Hirsch klopfte die Pfeife aus und stand auf.

„Euer beider Weg ist nun miteinander verwoben. Er hat dein Leben gerettet und du das seine.

Das ist große Medizin. Von jetzt an werdet ihr untrennbar sein."

8. Das Wettrennen

Seine Freunde waren weniger zurückhaltend.

„Bist du schon auf ihm geritten?"

Wolfspfote sah ihn wissbegierig an.

Schneller Pfeil schüttelte den Kopf.

Er war selbst mehr als neugierig darauf es zu versuchen, doch er wollte ihnen beiden Zeit geben. Der Schwarze sollte sich erst einmal an die neue Umgebung und die Menschen gewöhnen, dann würde er weitersehen.

„In drei Tagen ist das Wettrennen angesetzt. Vielleicht schaffst du es, ihn bis dahin einzureiten. Das wäre ein Anblick!"

Wolfspfote rieb sich die Hände, als sähe er das Bild schon vor sich.

„Außerdem würde es das Rennen interessanter machen.

Sonst gewinnt doch wieder nur Tosendes Wasser und wie ihr wisst, ist er hochnäsig genug."

Schneller Pfeil winkte ab.

Wolfspfote hatte Recht. Tosendes Wasser gewann die Wettrennen ziemlich oft und wurde nie müde damit anzugeben.

Doch das war nicht seine Sache.

„Wir werden sehen", sagte er unbestimmt.

Der Freund merkte, dass er anderes im Kopf hatte, und bohrte nicht weiter nach.

Die nächsten Tage widmete sich Schneller Pfeil ganz dem Schwarzen.

Er hatte vor dem Tipi geschlafen und mit Freude festgestellt, dass der Mustang in der Nacht seine Nähe gesucht hatte. Er spielte ihm daraufhin etwas auf seiner Flöte vor, worauf der Schwarze noch etwas näher rückte. Zwei Mädchen gingen an ihnen vorbei und flüsterten sich lachend etwas zu. Sie waren zwar leise, doch er konnte sie trotzdem deutlich verstehen.

„Er spielt doch gut. Schade, dass er nur für seinen Mustang spielt. Ich bin sicher, die eine oder andere würde sich von ihm auch gern etwas vorspielen lassen."

Dabei lachten sie laut auf.

Schneller Pfeil tat so, als hätte er nichts gehört, doch ihm wurde klar, dass er einen ruhigeren Platz aufsuchen sollte. Die meisten sahen ihm nur neugierig zu, doch es gab auch einige, die sich nicht zurückhalten konnten.

„Er läuft dir ja nach wie ein Hund", rief einer der jugendlichen Zuschauer.

„Kann er auch bellen?"

Schneller Pfeil hatte den Ruhestörer erkannt, aber er kümmerte sich nicht um ihn. Er wusste, wenn er auf die Fragen von Tosendes Wasser einging, bekam dieser nur, was er wollte.

„Vor dem muss beim Wettrennen jedenfalls keiner Angst haben. Der sieht ja halb verhungert aus."

Irgendwann wurde es ihm zu viel.

Kurz entschlossen schwang er sich auf seinen Schecken und folgte dem Bach ein Stück nach Westen. An einem kleinen Bogen hielt er an und ließ sein Pferd trinken.

Er hatte sich bewusst nicht umgedreht, doch der Schwarze hatte ihn nicht enttäuscht und war ihm gefolgt. Jetzt trat er zögernd etwas näher und blieb dann abwartend stehen.

Schneller Pfeil setzte sich auf einen Stein, der bis zur Hälfte vom Wasser umspült wurde, und griff wieder zur Flöte.

Er konnte sich nicht erinnern, jemals soviel auf der Flöte gespielt zu haben. Alle Mustangs liebten deren Klang, doch der Schwarze schien ihn ganz besonders zu mögen. Langsam kam er immer näher, bis er unmittelbar neben dem jungen Krieger verharrte.

Sein Kopf senkte sich zum Wasser und er trank mit durstigen Zügen.

Schneller Pfeil nahm das als gutes Zeichen, denn beim Trinken war man angreifbar und verließ sich auf den Schutz der Herde. Der Schwarze sah in ihm also keine Gefahr, sondern vertraute ihm.

Nach dem Trinken trabte er um den spielenden Indianer

herum und näherte sich ihm von hinten.

Der Schecke machte ihm bereitwillig Platz und wich ein paar Längen den Bach hinab aus.

Schneller Pfeil wartete gespannt ab.

Seine Finger wanderten wie von allein über die Flöte und tatsächlich hatte er die Melodien so oft gespielt, dass er kaum mehr darauf achten musste.

Neben ihm erklang ein verhaltenes Schnauben, so als wollte man sich ankündigen, und dann fühlte er, wie etwas seine Schulter berührte. Ganz langsam drehte er seinen Kopf, denn er wollte den Schwarzen jetzt nicht erschrecken. Er spürte, dass dies hier ein wichtiger Moment für sie beide war.

Der Mustang hatte seinen Kopf etwas zur Seite gedreht und näherte sich nun wieder seiner Schulter. Erneut stubste er den Jüngling an und dann zuckte er ein wenig zurück, denn dieser gab plötzlich komische Geräusche von sich.

Schneller Pfeil lachte.

Er konnte nicht sagen, warum er so lachen musste, denn das wollte er eigentlich gar nicht.

Doch er hatte viel über den Schwarzen nachgedacht und sich Sorgen gemacht, wie sich ihr Verhältnis zueinander entwickeln würde. Eigentlich sah das seinem Freund Kleiner Fuchs viel ähnlicher als ihm, doch er konnte in diesem Fall einfach nicht anders.

Als der Mustang ihn nun zum zweiten Mal auffordernd anstieß, diesmal noch kräftiger, löste sich diese Anspannung in seinem Körper auf.

Er lachte so kräftig, dass er schließlich von seinem Stein

abzurutschen drohte und sich festhalten musste. Der Mustang sah ihn neugierig an und wich auch nicht zurück, als sein Gegenüber endlich aufstand und an ihn herantrat. Behutsam legte ihm Schneller Pfeil die Hand auf die Nüstern. Er rieb leicht über das seidige Fell hinweg und zeichnete feine Linien in das schwarze Fell. Dann wanderte seine Hand langsam höher und streichelt den schmalen Kopf bis zur Stirn.

Der Mustang blieb stehen, ohne sich zu rühren, und ließ diese Zuneigungsbekundung über sich ergehen. Sein Gegenüber sprach leise zu ihm und seine Ohren zuckten, um sich nichts entgehen zu lassen.

Der junge Indianer erzählte ihm, dass er das schönste und feurigste Pferd sei, das er je gesehen hatte, und der Schwarze sah ihn so aufmerksam an, als würde er jedes Wort verstehen.

Seine kehlige und doch melodische Stimme hatte eine beruhigende Wirkung auf ihn und schaffte Vertrauen. Irgendwann legte er den Kopf auf die Schulter seines Gegenübers.

Schneller Pfeil war glücklich.

Er streichelte durch die schwarze Mähne und passte auf, nicht über die verheilenden Wunden am Hals zu fahren. Es dauerte eine ganze Weile, bis der Schwarze sich von ihm löste.

Der junge Comanche strich über seine Mähne bis zur Schulterpartie und schwang sich dann mit einer fließenden Bewegung auf seinen Rücken.

Der Mustang war für einen Moment erstaunt, aber dann schnaubte er und senkte mehrmals den Kopf ab. Schneller

Pfeil ließ ihn langsam angehen und überließ ihm dann völlig die Führung.

Der Schwarze horchte noch einen Moment in sich herein, um dann gemächlich anzutraben.

Als müsste er sich an das zusätzliche Gewicht auf seinem Rücken erst gewöhnen, drehte er eine kleine Runde und stand dann wieder auf der gleichen Stelle. Sein Reiter sprach aufmunternd zu ihm und auf einmal fühlte sich alles richtig an.

Der Mustang lief wieder los, doch dieses Mal durchquerte er den Bach und ließ das Wasser aufspritzen. Er wurde schneller und fiel dann in einen rasenden Galopp.

Schneller Pfeil fühlte sich wie in einem Rausch. Er hatte das Gefühl schwerelos zu sein. Der Boden flog an ihm vorbei und er hatte trotzdem nicht den Eindruck, wirklich schnell unterwegs zu sein. Das harmonische Zusammenspiel der Muskeln unter ihm sorgte für ein nahezu elegantes Dahinschweben und ließ ihn in einen Freudentaumel fallen.

Schneller Pfeil hatte reiten gelernt, bevor er laufen konnte. Diese Fortbewegung war ihm über die Jahre in Fleisch und Blut übergegangen, doch nun kam er sich vor wie ein Anfänger, der sich dieses Element erst neu erschließen musste.

Seine langen Haare flatterten im Wind und er feuerte den Schwarzen mit einem durchdringenden Ruf an.

Schattenfell war etwas durcheinander.

Dieses Gefühl der Geborgenheit und Zuneigung tat ihm unendlich gut. Es fühlte sich neu und warm an und es rüttelte Erinnerungen in ihm wach. Nicht dass er sie irgendwie hätte benennen können oder etwas Handfestes vor Augen hatte.

Er hatte den Eindruck, etwas längst verloren gegangenes, etwas sehr schönes wiederentdeckt zu haben.

Sein Drang nach Freiheit, seine Vorliebe zum Einzelgängertum, waren plötzlich gestillt.

Bisher war er oft rastlos und häufig auch aufbrausend gewesen und das hatte nicht nur etwas mit seinem Temperament zu tun.

Er fühlte sich jetzt am richtigen Platz und spürte die Lebensfreude wiederkehren.

Das Tempo zog noch etwas an und die Prärie raste unter ihnen dahin.

Der Schecke war seinem Herrn gefolgt, doch er blieb ein Stück hinter ihnen zurück und fiel dann immer weiter ab.

Der Schwarze atmete nun heftig und sein Reiter gab ihm zu verstehen, doch etwas langsamer zu reiten.

Schneller Pfeil wollte den Mustang schonen, denn noch hatte er sich nicht vollends von den Ereignissen der letzten Tage erholt.

Die Wunden am Hals waren fast wieder verheilt und es würden nur kleine Narben durch die Lederschnur zurückbleiben.

Jetzt lenkte er den Schwarzen zurück zum Wasser und strich ihm anerkennend über die Kuppe.

Der Mustang drängte sich ihm etwas entgegen und senkte dann seinen Kopf, um zu trinken.

Sie verbrachten ein paar Tage zusammen, in denen sie sich viel Zeit nahmen, um sich mit den Gewohnheiten des jeweils anderen vertraut zu machen.

Bald ließ er den Schecken auf der Koppel zurück und ritt gleich auf dem Schwarzen los. Ihre Strecken wurden immer länger und Schneller Pfeil konnte spüren, wie die Kraft seines Hengstes zurückkehrte.

Als er zum ersten Mal auf ihm zurück ins Dorf ritt, lächelte ihm sein Onkel stolz zu.

Kleiner Fuchs hatte ihn an diesem Tag begleitet, doch der Schwarze duldete anfangs keinen Hengst neben sich und war erst zufrieden, wenn er ihn hinter sich gelassen hatte.

Doch nach einer Weile nahm er dieses nebeneinander her reiten, nicht mehr persönlich und behielt die Geschwindigkeit bei.

Es gab also noch eine Menge zu lernen.

Schneller Pfeil legte dabei eine für ihn völlig untypische Geduld an den Tag.

Er hatte Angst, seinen neuen Freund zu überfordern, während Schattenfell in Wirklichkeit überhaupt nicht schnell genug lernen konnte.

Er lernte auf das leichteste Zeichen seines Reiters zu reagieren. Der kaum wahrnehmbare Druck eines Oberschenkels zeigte dabei bereits die Richtung an. Er lernte, auf ein Schnalzen mit der Zunge anzuhalten und auf einen Pfiff zu seinem Reiter zu kommen.

Vieles würde er erst mit der Zeit können, das war dem jungen Indianer klar. Ein gutes Büffelpferd durfte zum Beispiel vor dem Dröhnen der Hufe nicht scheuen und musste seinen Reiter trotzdem möglichst dicht an die braunen Riesen herantragen.

Diese Angst würde er ihm nicht abgewöhnen müssen,

erinnerte sich Schneller Pfeil mit einem Lächeln. Doch sich tot zu stellen, sich auf Kommando in Sicherheit zu bringen oder auf einen Feind zuzugaloppieren, das waren schon andere Herausforderungen.

Kleiner Fuchs genoss es, seinem Freund bei der Arbeit mit dem Mustang zuzusehen.

Er freute sich über jeden Fortschritt, den er machte, und der Schwarze lernte schnell.

Bevor sie am späten Nachmittag wieder in ihr Lager ritten, streichelte Schneller Pfeil seinen begabten Schüler zur Belohnung und spielte ihm dann etwas auf seiner Flöte vor.

Vor anderen wäre er dabei vielleicht etwas verlegen gewesen, doch vor seinem Freund hatte er dieses Gefühl nicht.

Wolfspfote sah sie und kam aufgeregt zu ihnen herüber gelaufen.

„Du hast ihn an dich gewöhnt, gerade noch rechtzeitig." Sein Blick wanderte immer wieder bewundernd über den schlanken Körper des Mustangs hinweg.

„Dann kann der Schwarze mal zeigen, was in ihm steckt." Schneller Pfeil sah seinen Mustang nachdenklich an.

Diese Rennen hatten es in sich. Der Gewinner konnte in diesem Wettkampf auf sich aufmerksam machen und Anerkennung gewinnen. Es wurden dabei aber auch weder die Reiter noch ihre Pferde geschont. Man holte das Letzte aus ihnen heraus und der Einsatz der Peitsche war dafür ein bewährtes Mittel.

Er schüttelte den Kopf.

„Ich werde teilnehmen, aber nicht mit dem Schwarzen. Er ist noch nicht richtig eingeritten und ich will ihn auch nicht der Peitsche aussetzen."

Wolfspfote wirkte enttäuscht.

„Es ist deine Entscheidung. Ich hatte gehofft, dass Tosendes Wasser dieses eine Mal nicht gewinnt. Es macht den Umgang mit ihm nicht leichter."

Schneller Pfeil verbiss sich ein Grinsen. Er wusste ja, was der andere meinte und er selbst empfand es ähnlich.

Tosendes Wasser stieg der Erfolg zu leicht in den Kopf. Er war ein guter Reiter, das war unbestritten, aber er rieb diese Tatsache auch jedem unter die Nase und das wurde schnell lästig.

Kleiner Fuchs neben ihm lächelte stolz. „Vielleicht ist mein neuer Mustang ja schneller als sein Rennpferd. Ich bin noch nie ein schnelleres Pony geritten."

Wolfspfote machte eine vage Handbewegung.

„Vielleicht ist das auch nicht so wichtig. Die jungen Krieger bereiten einen Plünderungszug nach Texas vor. Darüber sollte man viel eher einmal nachdenken."

Schneller Pfeil und Kleiner Fuchs sahen sich überrascht an.

Davon hatten sie noch nichts gehört.

Das war etwas völlig anderes als ein Pferderennen. Wer sich bei einer solchen Unternehmung auszeichnete, konnte Ruhm und Ehre gewinnen. Die Taten der mutige Krieger waren in aller Munde und wurden an den Lagerfeuern erzählt. Ihr Rat wurde geschätzt und ihr Wort galt etwas bei wichtigen Entscheidungen.

Noch war es früh im Sommer und deshalb eher ungewöhnlich, sich schon mit diesem Thema zu beschäftigen. Die meisten Kriegszüge fanden erst in den Monaten Juli bis September statt.

Dann waren die Nächte kurz und die Temperaturen mild. Ihre Feinde lernten die Vollmondnächte in diesem Zeitraum zu fürchten, denn dann schlugen sie oft völlig überraschend zu.

Ein junger Krieger, der reich an Beute aus einem solchen Plünderungszug heimkam, wurde zudem für die Mädchen interessant. Die hielten nämlich nach einem erfolgreichen Jäger Ausschau, der eine Familie ernähren konnte.

Schneller Pfeil unterbrach seine Gedanken.

„Sie scheinen dieses Jahr besonders unruhig zu sein. Weißt du schon, wann es losgehen soll?"

Wolfspfote schüttelte den Kopf. „Der genaue Tag steht noch nicht fest. Doch die Mustangs finden wieder überall genug Futter, sie werden wohl nicht mehr lange warten."

Als er weiterging, schauten sich die beiden verstohlen an. Kleiner Fuchs brach das Schweigen als Erster.

„Ich weiß genau, was du sagen willst. Eigentlich würdest du nur zu gern mitgehen, aber nun hast du eine wichtigere Aufgabe vor dir. Außerdem ist der Sommer noch lang und es wird noch andere Gelegenheiten geben."

Er sah den Freund forschend an und fügte hinzu: „Und ja, wir werden dann gemeinsam losziehen."

Schneller Pfeil nickte seinem Freund dankbar zu. Manchmal war er ihm direkt unheimlich, denn es hatte den Anschein, als würde er einfach in ihn hineinschauen und seine Gedanken lesen können.

Für den nächsten Tag war das Pferderennen angesetzt und die Mitglieder des Stammes fieberten der Abwechslung entgegen. Die jungen Männer zwischen fünfzehn und achtzehn Jahren traten erst am frühen Nachmittag gegeneinander an.

Schneller Pfeil hatte also genug Zeit, den Kindern und Jugendlichen zuzusehen, die auf den nackten Pferderücken über die Prärie dahinjagten wie der Wind. Er feuerte die Kämpfenden an und jubelte dem Sieger zu, wenn dieser die Hände hoch riss. Es gab wegen der vielen Teilnehmern mehrere Durchgänge und das Ganze dauerte seine Zeit. So mancher Mustang war durch die Atmosphäre zu aufgeregt und die Startlinie musste des Öfteren wieder neu ausgerichtet werden.

Roter Hirsch hatte von der Entscheidung seines Sohnes, nicht mit seinem neuen Mustang antreten zu wollen, gehört. Nun stellte er sich vor dem letzten Durchgang neben ihn.

„Wenn du möchtest, kannst du das Rennen auf meinem Mustang bestreiten. Er ist um einiges schneller als der Schecke."

Schneller Pfeil suchte nach den richtigen Worten. Das war ein großzügiges Angebot von seinem Vater und er wusste es sehr zu schätzen. Mit seinem Pony würde er um den Sieg mitkämpfen, das war ihm wohl bewusst.

Doch dann würde ihm der Sieg wie ein Geschenk vorkommen und sich nicht so anfühlen, als hätte er ihn sich selbst verdient. Er hatte das Verhalten von Tosendes Wasser noch als schlechtes Beispiel vor Augen und etwas Zurückhaltung würde ihm schon nicht schaden.

So erklärte er es seinem Vater, der diese Entscheidung mit einem kaum wahrnehmbaren Lächeln und ohne ein weiteres Wort akzeptierte.

Dann war es soweit.

Die jungen Krieger waren an der Reihe und plötzlich war die Anspannung greifbar.

Schneller Pfeil hatte nur seine Leggins anbehalten und alles andere abgelegt, um durch seine Kleidung nicht behindert zu werden. Jetzt band er sich die Haare zusammen und besah seine Gegner.

Kleiner Fuchs würde links neben ihm reiten. Das war gut, denn sie würden sich ein ehrliches Rennen liefern. Rechts schloss sich Wolfspfote an, dessen Mustang ein noch sehr junges, unerfahrenes Tier war. Neben ihm ritten noch drei weitere Jünglinge, die das Feld abrundeten, und ganz außen würde Tosendes Wasser reiten.

Schneller Pfeil wäre ihm lieber in einer späteren Gruppe begegnet. Er hatte seinen Namen bekommen, weil er sehr schnell die Beherrschung verlor.

Gewann er, war alles gut, wenn seine Angeberei auch oft zu einer Belastung wurde. Verlor er jedoch einen Wettkampf, dann gab es stets viele Gründe, die gegen seinen Sieg gesprochen hatten, und er redete sich schnell in Rage.

Der Schiedsrichter, sein Onkel Rabenfeder, stieß einen durchdringenden Pfiff aus und startete damit das Rennen. Auch hier gab es mehrere Vorläufe und es galt, sich seine

Kraft gut einzuteilen, denn nur die ersten drei würden in der nächsten Runde starten dürfen.

Schneller Pfeil hatte einen guten Start und führte gleich von Beginn an.

Sein Schecke war ein erfahrenes Tier, welches keine Kraft für unnötige Aktionen verschwendete.

Er beachtete das Treiben um ihn herum kaum und konzentrierte sich ganz auf den Weg, der vor ihm lag.

Kleiner Fuchs schien förmlich an ihm zu kleben und ließ sich auch nicht abschütteln.

Die Strecke führte über eine Distanz von fünfhundert Metern und war ganz auf die Schnelligkeit der Mustangs ausgelegt. Die Zuschauer schrien sich entlang dieser Strecke die Kehlen heiser, um ihre jeweiligen Favoriten anzufeuern.

Nach etwa zweihundert Metern kam ihm Wolfspfote mit seinem noch sehr jungen Pferd mächtig nahe, aber dann zog es plötzlich zu sehr nach rechts und drängte die anderen ab. Die Pferde stießen zusammen und ihre Reiter begannen, sich mit der Peitsche Luft zu verschaffen.

Schneller Pfeil sah aus dem Augenwinkel, wie sie sich gegenseitig behinderten und ihre Geschwindigkeit verloren.

Staubfahnen stiegen hoch.

Wie ein niederstürzender Raubvogel tauchte auf einmal Tosendes Wasser aus diesem Gewühl auf und ritt genau auf Schneller Pfeil zu. Sein Gesicht war nur noch eine Maske aus Staub und auf seiner Stirn verlief eine blutige Schramme.

Schneller Pfeil feuerte seinen Schecken mit lauter Stimme an, wappnete sich für den Zusammenprall und dann war es auch schon so weit.

Tosendes Wasser ritt von rechts kommend in ihn hinein und zog dabei abwechselnd seinem Schecken und dann ihm die Peitsche über den Körper.

Schneller Pfeil benutzte nur einen Rohrstock. Und das auch nur, um sich Gegner vom Leib zu halten, was in diesem Fall nur eine unzureichende Gegenwehr war.

Er war sicher, dass sein Gegner sogar schneller hätte reiten können, doch sie blieben Seite an Seite und der Schecke wiehert gequält auf.

Kurz vor der Ziellinie gewann Tosendes Wasser etwas an Boden und ereichte ihn nicht mehr richtig mit seinen Schlägen. Es waren nur noch wenige Meter zurückzulegen, als er seinen Mustang herumriss und ihn dann genau in die Laufbahn des Schecken trieb.

Es ging so schnell, dass Schneller Pfeil schon durch die Luft flog, bevor er auch nur reagieren konnte. Ihre Mustangs stießen zusammen und verkeilten sich ineinander, während sie über die Ziellinie schossen.

Tosendes Wasser war rechtzeitig vom Rücken seines Pferdes gesprungen, denn er stand bereits etwas abseits, während Schneller Pfeil benommen liegen blieb.

Der Aufprall und der darauffolgende Sturz hatten ihm die Luft aus dem Körper getrieben und er atmete schwer.

Er konnte seinen Kontrahenten aber sehen und bemerkte auch das bösartige Lächeln auf seinem vor Anstrengung verzerrten Gesicht.

Erst jetzt sah er, dass er vor der Linie lag, und Tosendes

Wasser dahinter stand.

Sein Onkel half ihm hoch.

Schneller Pfeil sah zu seinem Schecken, der sich jetzt erhoben hatte, aber den linken Vorderhuf nur zaghaft belastete.

Auch das noch!

Wenn sein Pferd verletzt war, dann war das Rennen für ihn ohnehin vorbei.

Schneller Pfeil spürte, wie die Wut langsam über ihn kam.

Rabenfeder hatte die Gruppe als Schiedsrichter abseits auf seinem Mustang begleitet und alles mit angesehen. Jetzt legte er seinem Neffen die Hand auf die Schulter und hielt ihn dadurch zurück, etwas Unüberlegtes zu tun.

Er ließ noch einen Blick über die erst in diesem Moment ins Ziel kommenden Nachzügler schweifen und sah dann über seine Stammesmitglieder hinweg.

„Schneller Pfeil wurde mit böser Absicht zu Fall gebracht."

Tosendes Wasser wollte etwas sagen, aber ein Blick von Rabenfeder brachte ihn zum Schweigen.

„Das war nicht seine Schuld. Sein Mustang ist verletzt. Er wird im nächsten Lauf also mit einem anderen Pferd antreten."

Die meisten der Umherstehenden nickten, doch Tosendes Wasser konnte das nicht einfach so übergehen.

„Er hat das Rennen nicht einmal beendet. Da! Er steht vor der Ziellinie!"

Rabenfeder deutete ohne jede Regung auf den Schecken, der hinter der Linie stand.

„Sein Mustang hat das Rennen für ihn beendet."

Einige der Zuschauer lachten. Sie gönnten dem Heißsporn

die Abfuhr und waren mit der Entscheidung des Schiedsrichters einverstanden. Rabenfeder hatte schon oft bewiesen, dass es unter seiner Aufsicht gerecht zugehen musste.

Kleiner Fuchs hatte die Ziellinie als Erster überquert. Nun stellte er sich mit Wolfspfote neben seinen Freund und zeigte so, dass er die Entscheidung für richtig hielt. Wolfspfote grinste schüchtern.
„Eigentlich bin ich wohl daran schuld. Mein junger Mustang ist plötzlich einfach nach rechts ausgebrochen. Da habe ich wohl einige richtig wütend gemacht."
„Im nächsten Jahr wird er ein gefährlicher Gegner sein", tröstete ihn Kleiner Fuchs und der Pechvogel streichelte seinem Jungpferd aufmunternd über den Hals.
Kleiner Fuchs war besorgt, wie sein Freund mit dieser Entwicklung umgehen würde.

Schneller Pfeil sah seinen Onkel überrascht an.
Diese Lösung besänftigte ihn etwas, doch er war Tosendes Wasser noch etwas schuldig und das würde er nicht vergessen.
Nun, er würde sich für ihn zu gegebener Zeit etwas einfallen lassen.
Seine erste Sorge galt seinem Schecken, der ihm zutraulich den Kopf entgegenstreckte.
Sein linker Vorderhuf war wohl verstaucht, denn er fühlte sich hart und auch zu warm an.
Schneller Pfeil führte ihn aus dem Gewimmel fort und kümmerte sich um ihn.
Danach setzte er sich abseits von den anderen ins Gras

und dachte nach.

Der Ausfall seines Pferdes stellte ihn vor Probleme.

Er könnte jetzt aufgeben, schließlich war sein Mustang verletzt und jeder würde es verstehen.

Andererseits musste er nur an Tosendes Wasser denken und spürte schon wieder die Wut in sich aufsteigen. Er durfte weiter am Rennen teilnehmen und das war gut so. Aber er wollte die Hilfe seines Vaters nicht annehmen, sondern diesen Wettkampf aus eigener Kraft bestreiten.

Es ging ihm gar nicht so sehr ums Gewinnen oder Verlieren. Wenn er das Gefühl hatte, sein Bestes gegeben zu haben, würde er auch mit einem Platz im Mittelfeld leben können.

Natürlich konnte er auch den Schwarzen wählen, doch er wusste nicht, wie er unter diesen Bedingungen reagieren würde. Was, wenn er einen Hieb einstecken musste und plötzlich einen Wutanfall bekam?

Als hätte er es gehört, war der Mustang an ihn herangetreten und stieß ihn mit seinem Kopf an.

Es war, als hätte er die Gedanken verstanden und wollte sagen, „versuch es doch mal mit mir."

Schneller Pfeil stand auf und fuhr sanft über die prächtige schwarze Mähne.

Eigentlich hatte er spätestens jetzt seine Entscheidung getroffen und er brauchte nur einen Moment, um es sich selbst einzugestehen.

Er würde mit dem Geisterpferd antreten!

Kleiner Fuchs hatte seinen Freund im Auge behalten und machte Wolfspfote mit einer Handbewegung darauf aufmerksam.

Der lächelte nur.

Er wollte den schwarzen Mustang ohnehin erleben.

Außerdem waren die Chancen von Tosendes Wasser
gerade rapide gesunken.

Insgesamt hatten sich zehn Reiter für die nächste Runde
qualifiziert.

Diese würden in Fünfergruppen gegeneinander antreten
und die jeweils zwei Besten eines Durchgangs konnten im
letzten Rennen um den Sieg kämpfen.

Als Schneller Pfeil mit seinem Mustang heranritt, ging ein
Raunen durch die Zuschauermenge.

Jeder hatte die Geschichten über ihn gehört und diese
wurden mit jedem Erzählen unglaublicher.

Viele hatten sich selbst ein Bild von ihm machen wollen
und hatten in den letzten Tagen jede Möglichkeit genutzt,
um ihn sich anzusehen. Für das, was er alles vollbracht
haben sollte, kam er ihnen fast etwas zu schmal vor.

Sicher, er war ein schöner Anblick, so wie sein schwarzes
Fell in der Sonne schimmerte. Sein Körperbau war im
Vergleich zu den anderen Mustangs geradezu edel und
grazil und man würde abwarten müssen, wie ein
Wettkampf zwischen ihnen ausging.

Schneller Pfeil ließ sich von den neugierigen Blicken nicht
nervös machen und führte seinen Hengst in die Startzone.

Die Aufregung der anderen war hier deutlich spürbar und
jeder hatte seine eigene Art damit umzugehen.

„Dein Mustang muss aber schnell sein. Hat er seine
Flecken beim Laufen verloren?", mischte sich Dachshaar

lachend ein.

„Mit dem schwarzen Fell kannst du in meinem Schatten reiten, dann sieht dich keiner."

Schneller Pfeil beachtete die Bemerkungen nicht. Er blieb neben Kleiner Fuchs und Wolfspfote, die aber bereits in dem ersten Lauf antraten.

Er sah die Anspannung in den Gesichtern seiner Freunde und wünschte ihnen Glück.

Das Rennen begann und auf das Startzeichen schnellten die Hengste davon.

Diesmal hielt sich der junge Mustang von Wolfspfote besser, doch ab der Streckenmitte riss er immer wieder der Kopf zurück, als wollte er sich nach den anderen umsehen. Dadurch geriet er aus dem Tritt und die anderen Reiter zogen an ihm vorbei.

Kleiner Fuchs nutzte den Augenblick und ritt hinter Dachshaar durchs Ziel.

Hinter der Linie hob er jubelnd die Hand und ließ seinen Mustang steigen.

Er war nun im Endlauf und konnte mit um den Sieg kämpfen.

Nachdem auch der Letzte angekommen war, trat wieder für einen Augenblick Ruhe ein, bis der zweite Vorlauf begann.

Die Reiter saßen auf den nackten Pferderücken und hielten lediglich den Strick fest, der um den Hals der Tiere geschlungen war. Die Mustangs waren so nervös wie ihre Besitzer und einige schnaubten oder scharrten mit den Hufen über die Erde.

Schneller Pfeil war selbst gespannt, wie sich der Schwarze schlagen würde.

Er hatte den schnellen Antritt mit ihm noch nicht üben können, wie so viele andere wichtige Dinge. Nun wartete er auf den Startpfiff seines Onkels und es war überflüssig, sich darüber Gedanken zu machen.

Die anderen Teilnehmer schauten angespannt auf den Schiedsrichter, nur Tosendes Wasser blickte unverwandt in sein Gesicht.

Wenigstens war ein anderer Mustang als Puffer zwischen ihnen.

Jetzt ertönte der Pfiff und die Hengste schnellten davon.

Die Distanz ließ keine großen taktischen Spielereien zu und die Reiter schrien und feuerten ihre Mustangs an.

Manche benutzten die Peitschen, um auch das Letzte aus den Tieren herauszuholen.

Der Schwarze hatte bei dem Pfiff die Ohren gespitzt.

Die anderen Tiere liefen los und er reagierte sofort. Ohne ein weiteres Zeichen nahm er die Herausforderung an und jagte den anderen hinterher. Es trennte sie fast eine Länge, doch die Entfernung nahm mit jedem Schritt ab.

Schneller Pfeil genoss das berauschende Gefühl der Geschwindigkeit. Der Abstand schmolz merklich dahin und auf Höhe der Zielgeraden war es nur noch Tosendes Wasser, der vor ihm lag.

Nach dieser Leistung klopfte er dem Schwarzen anerkennend auf den Hals und dieser bog den Kopf nach hinten.

Alle anderen hatten die Aufholjagd gesehen und unterhielten sich lautstark über den neuen

Herausforderer. Solche Wettrennen waren beliebt, aber Schneller Pfeil hatte den Eindruck, dass es dieses Mal sogar noch mehr Zuschauer gab als sonst. Und er hatte auch einen Verdacht, an wem das wohl liegen könnte.

Sein Hengst zeigte trotz der bisherigen Anstrengungen keine sichtbaren Anzeichen von Ermüdung.

Sein Fell war trocken und sein Atem hatte sich wieder beruhigt. Es gab jetzt eine etwas längere Pause, in der sich die Mustangs erholen konnten, doch er schien das nicht wirklich nötig zu haben.

Kleiner Fuchs lenkte seinen Hengst neben ihn.

Außer ihnen beiden würden nur noch Tosendes Wasser und Dachshaar antreten.

Sein Freund zeigte lächelnd mit dem Kinn in deren Richtung.

„Mit deinem Weiterkommen scheinst du jemanden verärgert zu haben."

Schneller Pfeil sah, wen er meinte. Tosendes Wasser warf ihm drohende Blicke zu und ging mit herausgestreckter Brust auf und ab.

„Von mir aus kann er da hin- und herlaufen bis er so schwarz wird wie mein Mustang."

Schneller Pfeil spuckte neben sich ins Gras.

Er wusste, dass er auf ihn aufpassen musste, doch er würde sich nicht einschüchtern lassen.

Kleiner Fuchs nickte zu seinen Worten.

Er sah bereits zu ihrem vierten Gegner hinüber.

„Ob Dachshaar noch jemanden findet, der mit ihm wetten will?"

Schneller Pfeil sah zu ihm hin. Manche der Zuschauer wetteten auf ihren Favoriten und es war auch den Teilnehmern möglich, mitzumachen.

Das Pony von Dachshaar machte einen ziemlich unscheinbaren Eindruck, aber es war schnell.

Das wussten unter ihnen aber auch alle und deshalb war es schwer, jemanden zu finden, der dagegen setzen würde, auch wenn Tosendes Wasser vielleicht noch die größeren Chancen hatte.

Schneller Pfeil hatte von Mitgliedern ihres Stammes gehört, die besonders heruntergekommene Mustangs trainiert hatten. Trafen die einzelnen Stammesgruppen im Sommer aufeinander, konnte man mit so einem unscheinbaren Pferd dann ordentlich abräumen.

Rabenfeder kam jetzt auf sie zu und erkundigte sich nach jedem Einzelnen.

Sie waren bereit und das sagten sie ihm auch.

Auf sein Zeichen fanden sie sich wieder vor der Startlinie ein. Nun war die Aufregung spürbar, aber jeder von ihnen hatte gelernt, sich zu beherrschen und seine Gefühle für sich zu behalten.

Links lief Kleiner Fuchs. Schneller Pfeil schloss sich ihm an und fand Dachshaar zu seiner Rechten. Tosendes Wasser bekam den rechten Außenplatz und Schneller Pfeil war seinem Onkel für diese weise Einteilung dankbar. Er hatte natürlich keinen Vorteil dadurch, aber es war beruhigend, nicht immer mit einem Peitschenhieb rechnen zu müssen.

Rabenfeder hob jetzt die Hand und sofort verstummte das bisherige Gemurmel.

Schneller Pfeil legte seinem Hengst eine Hand auf den

Hals und konnte spüren, wie etwas von der Kraft seines Freundes auf ihn überging. Ein Windstoß blies ihm eine Strähne ins Gesicht und er strich sie unbewusst zurück.

Der Schwarze schien die Anspannung wie alle anderen zu empfinden und seine Ohren waren gespitzt.

Schneller Pfeil ließ seinen Onkel nicht aus den Augen. Er kannte jede Geste, ja, jede Mimik von ihm und seine Muskeln spannten sich, als er erkannte, dass der Moment der Entscheidung nun unmittelbar bevorstand.

Jetzt ließ Rabenfeder seine Rechte fallen und stieß gleichzeitig einen grellen Pfiff aus.

Die Mustangs stoben davon und die Zuschauer ließen alle Zurückhaltung fallen.

Dieses Mal kannte der Schwarze den Startablauf und wurde nicht mehr überrascht.

Fast gleichzeitig mit den anderen preschte er los und ihre Hufe ließen Gras und Erdklumpen hinter sich hochfliegen.

Die Reiter schrien ihre Anspannung hinaus und feuerten ihre Ponys an, um auch noch das Letzte aus ihnen herauszukitzeln.

Schneller Pfeil hörte neben sich das Klatschen einer Peitsche, doch der Schlag galt nicht ihm und er beachtete es nicht. All seine Aufmerksamkeit galt dem Schwarzen, der mit ausholenden Sätzen dem Ziel entgegenraste. Die ersten zweihundertfünfzig Meter flogen vorbei und alle vier lagen fast genau auf einer Höhe.

Die anderen waren höchstens einen Kopf voraus, doch das war nebensächlich.

Er hatte erlebt, dass sein Mustang auf der zweiten Hälfte sogar noch etwas zulegen konnte, während die anderen dann Mühe hatten, die hohe Geschwindigkeit zu halten. Neben sich hörte er das Schnaufen der anderen Pferde und dann das Geräusch eines neuen Schlags, dem ein qualvolles Wiehern folgte. Das Pony von Dachshaar, welches rechts neben ihm lief, drängte nun nach innen und zwang ihn ebenfalls aus der Spur. Viel Platz hatte er nicht, denn dann schloss sich schon Kleiner Fuchs an, mit dem er jetzt Kopf an Kopf lief.

Er hörte Tosendes Wasser brüllen und gleich darauf zog Dachshaar noch stärker in seine Bahn.

Einen Moment ritten sie Knie an Knie und die Pferdekörper berührten sich. Dadurch behinderten sie sich gegenseitig und dann zog Tosendes Wasser mit einem hämischen Ruf an ihnen vorbei.

Schneller Pfeil fühlte, wie heiße Wut in seinem Bauch aufstieg. Bisher hatte er den Schwarzen nicht anfeuern müssen, doch nun schrie er zornig auf und stieß ihm die Fersen in die Seite.

Dabei schmiegte er sich fest an ihn und machte sich so leicht wie möglich.

Der Schwarze konnte nicht zur Seite weg, denn links und rechts klemmten ihn die anderen ein und schrien laut. Es blieb also nur die Flucht nach vorn. Er legte seine Ohren noch weiter an und dann brach er förmlich aus der Umklammerung aus.

Tosendes Wasser hatte bereits mehr als eine Länge Vorsprung, doch nun hatte der Schwarze wieder freie Bahn und er war wütend. Statt an dem Führenden vorbeizulaufen, schien er ihn nun zu verfolgen und der Abstand schwand zusehends.

Tosendes Wasser sah ihn erst, als er ihn fast erreicht hatte, und die Überraschung stand ihm ins Gesicht geschrieben. Dann hob er erneut seine Peitsche, mit der er bisher mitleidlos auf sein Pony eingeschlagen hatte. Der Hieb erwischte den Schwarzen am Hals und berührte auch die Stelle, an der ihn die Schlinge gezeichnet hatte. Schneller Pfeil merkte, wie ein Ruck durch seinen Körper ging.

Er wollte Schlimmeres verhindern und seinen Mustang ein Stück zur Seite lenken, doch der hatte jetzt seinen eigenen Willen und den setzte er um. Statt auszuweichen, schloss er zu dem Führenden auf. Er erreichte ihn und drängte dann in vollem Galopp in die Seite des nun neben ihm reitenden Ponys. Das geschah so schnell, dass Tosendes Wasser sich festhalten musste, um nicht abgeworfen zu werden. Er kam nicht mehr dazu, die Peitsche erneut zu heben, denn sein Mustang war nun zu weit seitlich abgekommen und der Angreifer schon nicht mehr in seiner Reichweite.

Schlimmer noch. Der Schwarze zog jetzt einfach an ihm vorbei und ließ ihn rechts liegen.

Mit deutlichem Abstand zog er als Erster über die Ziellinie. Tosendes Wasser war so geschockt, dass er aufhörte sein Pony anzufeuern, und deshalb Dachshaar die Möglichkeit gab, mit einem lauten Jubeln noch vor ihm ins Ziel zu gelangen.

Die Zuschauer brüllten vor Begeisterung. Sie hatten bekommen, was sie sich erhofft hatten, und die meisten waren mit dem Ausgang sehr zufrieden.

Tosendes Wasser war es nicht, denn er trieb sein Pony auf

den Sieger zu.

Beide Wettkämpfer atmeten schwer, so als wären sie selbst lange und hart gelaufen und nicht ihre Hengste. Tosendes Wasser hatte die Peitsche noch in der Hand und sein Gesicht war vor Zorn und Enttäuschung gerötet.

„Du hast nicht gewonnen! Dein fremdartiges, schwarzes Irgendwas hat meinen Mustang verhext und ihn angegriffen. Dafür hat er eine Strafe verdient!"

Die Zuschauer wandten sich ihnen zu und plötzlich hatten sie mehr Aufmerksamkeit als ihnen lieb war.

Schneller Pfeil hatte die Arme vor seiner Brust verschränkt und versuchte ruhig zu atmen. Sie waren beide ungefähr gleich alt, doch er bemerkte erst jetzt, dass er fast einen halben Kopf größer als sein Gegenüber war und irgendwie hielt ihn das davon ab zurückzuschreien.

„Deine Peitsche trieb Dachshaar gegen uns. Du scheinst damit besonders schnell zur Hand zu sein.

Das ist mir schon im ersten Lauf aufgefallen."

Tosendes Wasser verschluckte sich fast an seiner Wut. Der Einsatz einer Peitsche konnte im Eifer des Wettkampfes schon mal danebengehen, sie jedoch gezielt gegen andere einzusetzen war verpönt.

Er trat jetzt so dicht an seinen Kontrahenten heran, dass sich ihre Gesichter fast berührten.

„Ich habe mich an die Regeln gehalten und die Peitsche kaum eingesetzt. Du hingegen bist mit deinem verrückten Hengst auf mich los und hast mich fast umgestoßen. Dafür müsste dir der Sieg aberkannt werden!"

Schneller Pfeil atmete tief ein, denn er spürte, wie die Wut langsam aus seinem Bauch aufstieg und von ihm Besitz ergriff.

„Deine Peitsche, die du kaum eingesetzt hast, hat sowohl meinen Mustang als auch mich getroffen." Er strich sich die Haare aus der Stirn und jeder konnte den blutigen Striemen an seiner Schläfe erkennen.

„Und das Aufeinanderprallen während des Rennens ist doch eine Variante, die du erst ins Spiel gebracht hast. Dieses jetzt anderen vorzuwerfen zeigt nur, dass du ein schlechter Verlierer bist."

Tosendes Wasser rang sichtbar nach Worten, doch so sehr er sonst im Siegesrausch Loblieder auf sich sang, wollte ihm jetzt nichts Richtiges einfallen.

Für einen kurzen Moment wollte er sich einfach auf seinen Gegner stürzen, doch Schneller Pfeil schien nur darauf zu warten, und vor Zuschauern verbot sich so eine Kopflosigkeit erst recht.

Rabenfeder trat zwischen die beiden, bevor doch noch etwas passierte, und trennte sie.

„Das Rennen ist vorbei", betonte er mit seiner ruhigen Stimme. „Ihr habt eure Streitigkeiten im Wettkampf ausgetragen und Schneller Pfeil hat gewonnen."

Widerwillig trat Tosendes Wasser einen Schritt zurück.

Rabenfeder erfreute sich allgemeiner Wertschätzung. Er war ein angesehener Krieger, während Tosendes Wasser selbst nur ein Jüngling ohne jeden Einfluss war. Sich gegen ihn zu stellen, kam also überhaupt nicht in Frage. Zudem war aus den Einwürfen der Zuschauer klar zu erkennen, dass Schneller Pfeil in ihren Augen fair gewonnen hatte.

Tosendes Wasser spuckte verärgert ins Gras.

Seine Miene verriet, dass er sich mit dieser Tatsache noch längst nicht abgefunden hatte, doch er konnte nichts an den Gegebenheiten ändern. Mochte er auch die letzten drei Jahre gewonnen haben, dieses Mal war nicht er der Sieger und das machte ihm zu schaffen.

Verärgert und ohne ein weiteres Wort drehte er sich um und führte sein Pony aus der Menschenmenge heraus. Ein paar ältere Krieger zischten leise und drückten damit ihre Missbilligung über sein Verhalten aus, doch er tat so, als würde er sie nicht hören.

Adlerschwinge, sein Vater, sah ihm verärgert entgegen. Als sein Sohn sich rechtfertigen wollte, schnitt er ihm mit einer Handbewegung das Wort ab und winkte ihn fort. Er wollte jetzt nichts hören.

Es war für ihn schlimm genug, dass er es nicht geschafft hatte, dem Mustang damals in der Schlucht die zweite Schlinge um den Hals zu werfen. Stattdessen hatte sich der Mustang losreißen können und war wie ein Geist über den Zaun entkommen. Sonst hätte er dieses prächtige Tier jetzt geritten und nicht dieser Halbwüchsige, der mit ihm zudem gerade seinen Sohn geschlagen hatte.

Schneller Pfeil war froh, dass alles glimpflich ausgegangen war. Viele der Zuschauer nickten ihm anerkennend zu und musterten seinen Mustang neugierig. Sie hatten miterlebt, wie schnell er gewesen war, und lobten ihn immer wieder.

Kleiner Fuchs klopfte seinem Freund erleichtert auf die Schulter und streichelte dann scheu über die Flanke des

Schwarzen.

„Gut habt ihr das gemacht. Ich hätte mir auch nicht noch einmal seine Siegesgeschichten anhören mögen. Ich glaube so eine Erfahrung war längst mal fällig."

Schneller Pfeil nickte flüchtig. Er hätte seinem Gegner in diesem Moment durchaus noch einige andere Erfahrungen gegönnt.

„Das wird er dir so schnell nicht vergessen", fuhr sein Freund fort.

Schneller Pfeil winkte abfällig ab.

„Seinetwegen schlafe ich nicht schlechter."

Dann grinste er plötzlich.

„Warum hatte ich eigentlich den ganzen Ärger? Von dir und deinem Hengst war weit und breit nichts zu sehen!"

Kleiner Fuchs riss entrüstet die Augen auf. „Willst du damit sagen, dass ich langsam war? Vielleicht kann er mit deinem Schwarzen nicht immer mithalten, aber das konnte ja wohl auch kein anderer."

Schneller Pfeil sah ihn unschuldig an.

„Ich hatte euch beide nicht die ganze Zeit im Auge, denn wie du weißt, war ich viel weiter vorne. Trotzdem hätte ich schwören können, dass du ihn zeitweise sogar geschoben hast!"

Kleiner Fuchs sah das Funkeln in den Augen seines Freundes und nickte schicksalsergeben.

„Mach du nur deine Scherze. Das nächste Mal nehme ich den Schwarzen und dann treibe ich meinen Schabernack mit dir."

Schneller Pfeil legte den Arm um seinen Freund und

drückte ihn kurz an sich. Er wusste, dass der ihm seine Worte im Überschwang des Sieges nicht übel nehmen würde.

Roter Hirsch empfing seinen Sohn vor dem Zelt mit einem forschenden Blick.

„Gut gemacht", sagte er nur.

Mehr würde er aus seinem Munde auch nicht zu hören bekommen, wusste Schneller Pfeil.

Der Stolz, der aus den Augen seines Vaters sprach, sagte ihm aber auch genug und ließ sein Herz schneller schlagen.

Später saßen sie in der untergehenden Sonne und nahmen das Fleisch entgegen, das seine Mutter und seine Schwester ihnen brachten. Rabenfeder, der Bruder seines Vaters, hatte sich eingefunden und gab das Rennen aus seiner Sicht wieder. Er lobte Schneller Pfeil für seine Ruhe und seine treffenden Worte genauso wie für seine Leistung zu Pferde.

In einem Streitgespräch seinen Mann zu stehen und sich zu behaupten, noch dazu vor allen Stammesmitgliedern, wurde als sehr wichtig eingeschätzt. Die Entscheidungen des Stammes wurden im Rat der Männer getroffen und ein Krieger, der gehört werden wollte, musste seine Meinung weise und überzeugend darlegen können.

Schneller Pfeil merkte, wie ihm bei den Worten seines Onkels das Blut ins Gesicht stieg, doch das konnte man beim flackernden Feuer zum Glück nicht sehen.

Roter Hirsch erhielt als Familienoberhaupt wie immer das erste Stück Büffelfleisch, ließ es aber durch eine Geste an seinen Sohn weitergeben und ehrte ihn damit.

Bevor ihm das alles allerdings zu Kopf steigen konnte, lenkte Rabenfeder das Gespräch auf ein anderes Thema.

„Die jungen Krieger werden morgen zu einem Kriegszug aufbrechen. Adlerschwinge führt sie an."

Dabei warf er Roter Hirsch einen Blick zu, den Schneller Pfeil nicht ganz einordnen konnte.

„Gegen die Apachen."

Sein Vater hatte keine Frage gestellt, sondern lediglich eine Tatsache festgestellt. Schneller Pfeil fragte sich, seit wann sie davon wussten. Er selbst hatte schließlich auch erst kurz vor dem Rennen von dieser Unternehmung erfahren.

„Es ist gut, dass sie diese Coyoten nicht zur Ruhe kommen lassen."

Roter Hirsch wischte sich eine Hand an der Leggings ab und griff nach seinem Fleischstück.

„Wie viele Männer werden aufbrechen?"

Rabenfeder machte mit seiner fetttriefenden Rechten eine vage Bewegung.

„Sie werden dieses Mal in einer größeren Gruppe reiten. Vielleicht vierzig?"

Schneller Pfeil schaute überrascht hoch.

Gewöhnlich brach eine kleinere Anzahl zu einem solchen Zweck auf. Vierzig Krieger bedeutete, dass ein Großteil der jungen Männer sich dem Beutezug anschließen würde, und plötzlich konnte er auch den Blick seines Vaters verstehen.

Sein Onkel ging, wie es so seine Art war, direkter mit

diesem Thema um und sah schmatzend zu seinem Neffen hin.

„Falls du an dieser Aktion teilnehmen möchtest, würde ich dich nicht davon abhalten wollen. Ein Mann muss zeigen, dass er ein Krieger ist und vor nichts Angst hat." Schneller Pfeil nickte nachdenklich. Darüber hatte er sich auch schon Gedanken gemacht.

Sich bei der Jagd oder auf einem Kriegszug zu beweisen, war etwas, wovon jeder Jüngling der Comanchen träumte. Die Teilnahme wurde jedem freigestellt, doch konnte man in Einzelfällen auch Teilnehmer ablehnen, wenn man glaubte, dass sie schlechte Medizin mit sich brachten.

Bei diesen Kriegszügen, die schnell einige Wochen andauern konnten, musste man sich dem Kriegshäuptling dieser Mission vollkommen unterordnen. Denn dieser hatte alles nach seinen Vorstellungen veranlasst und nur sein Wort galt. Tat man es nicht, musste man die Gruppe verlassen und wurde zukünftig als Unglücksbringer gesehen. Wenn aber Adlerschwinge diese Mission anführen würde, dann wäre auch sein Sohn Tosendes Wasser dabei und unter diesen Bedingungen wäre es vielleicht unklug, mit ihnen zu reiten.

„Ich danke dir für deine Worte, Onkel. Ich werde darüber nachdenken."

Schneller Pfeil sah, wie sein Vater ihn aufmerksam musterte. Er war sich fast sicher, dass er ihn durchschaut hatte, doch er schien die Gründe gutzuheißen, denn er nickte unmerklich.

„Tu das, mein Sohn."

In der Dämmerung führte Schneller Pfeil seinen Mustang zum Trinken an den Bach.

Er genoss die ruhige Zeit des Abends, wenn die Geräusche leiser wurden und alles zur Ruhe kam. Der Mustang drückte den Kopf kurz gegen seine Schulter und Schneller Pfeil kam dieser Aufforderung nur zu gern nach. Langsam und bedächtig strich er über das glatte Fell. Er kraulte an den Ohren entlang und strich dann weiter über seinen Kopf. Der Schwarze musterte ihn aus seinen klugen, braunen Augen und ließ sich den Liebesbeweis gern gefallen. Dann schnaubte er zufrieden und senkte seinen Kopf zum Trinken herab.

Der Jüngling setzte sich ins Gras und spielte auf seiner Flöte ein paar der Lieder, von denen er wusste, dass sie besonders gemocht wurden. Der Schwarze spitzte dann die Ohren und entspannte sich zusehens.

Plötzlich ruckten seine Ohren nach hinten und er drehte seinen schlanken Kopf herum.

Schneller Pfeil nahm den leisen Hufschlag nun ebenfalls wahr. Kurz darauf erblickte er die Reiter und stand auf. Er zählte drei Gestalten, die langsam näher kamen. Er wusste nicht, ob sie ihn gesucht hatten, doch zumindest hatte es den Anschein.

Einer der Reiter war Tosendes Wasser und Schneller Pfeil merkte, wie er unbewusst die rechte Hand schloss und wieder öffnete. Seine beiden Begleiter stellten sich links und rechts neben ihm auf. Sie hatten nicht am Rennen teilgenommen, schienen aber mit dem Ausgang ebenfalls nicht zufrieden zu sein.

Schneller Pfeil sah zu seinem Mustang, doch der soff

ungerührt weiter und beachtete die Neuankömmlinge nicht.

Tosendes Wasser ließ sein Pony ein paar Schritte vor ihm anhalten und schaute ihn finster an.

Wahrscheinlich hoffte er angesprochen zu werden, doch Schneller Pfeil tat ihm diesen Gefallen nicht.

„Du bist mir einen Sieg schuldig", warf er ihm schließlich wütend vor.

Seine beiden Freunde schlossen ein Stück näher zu ihm auf, doch Schneller Pfeil gab vor, sie nicht zu bemerken. Er sah ausschließlich in das hasserfüllte Gesicht vor sich, dessen halb geschlossene Augen ihn drohend anblitzten.

„Ich bin dir gar nichts schuldig", bemerkte er beiläufig. Er ließ seine Stimme fast gelangweilt klingen, so als hätte er ein begriffsstutziges Kind vor sich.

„Du und dein Geisterpferd, ihr habt mich um meinen Sieg betrogen. Ihr habt mich angegriffen und abgedrängt. Gibst du das zu?"

Schneller Pfeil spie vor sich ins Gras und schüttelte so leicht mit dem Kopf, dass man denken konnte, er wäre mit dem Ergebnis unzufrieden. Tosendes Wasser hatte sich wohl in den Kopf gesetzt, ihn vor seinen Freunden zu demütigen, und davon würde er sich kaum abbringen lassen.

Sein Gegenüber verlor die Geduld.

„Mein Vater hatte sich dieses Pony ausgesucht. Es ist entkommen, bevor er ihm die zweite Schlinge um den Hals werfen konnte. Jetzt hast du es durch irgendwelche Tricks geschafft, es an dich zu gewöhnen." Er spuckte die Worte geradezu hinaus und streifte den Schwarzen dabei mit einem kurzen Blick.

Schneller Pfeil glaubte Begierde in seinen Augen gesehen zu haben, doch er war sich nicht sicher. Die folgenden Worte trafen ihn deshalb völlig unvorbereitet.

„Mein Vater will diesen Mustang wiederhaben und ich werde ihn nun mitnehmen."

Seine Stimme verhallte, aber Schneller Pfeil war zu verblüfft, um den Inhalt zu verstehen.

Überrascht blinzelte er den Jüngling vor sich an. Tosendes Wasser saß immer noch auf seinem Pferd und schaute auf ihn herab. Seine Selbstsicherheit war allerdings nur gespielt, denn in seinem Gesicht zuckte es.

Schneller Pfeil hatte den Schrecken halbwegs verdaut und deutete nun auf den Schwarzen.

Er hatte vor Aufregung einen Kloß im Hals und seine Stimme klang für ihn selbst unheimlich dumpf.

„Der Mustang steht da. Nur zu, er gehört dir."

Tosendes Wasser hatte mit verkniffenem Gesicht zugehört und seine Augen weiteten sich vor Überraschung.

Er wollte etwas erwidern, doch es fiel ihm nichts Gescheites ein und so schloss er seinen Mund wieder.

Fast wollte er sich über diesen leichten Sieg ärgern, aber dann gewann doch der Triumph die Oberhand. Mit einer überlegenen Geste wies er seine beiden Freunde an, dem Mustang den Rückweg abzuschneiden, während er selbst vom Rücken seines Ponys glitt.

Dabei drehte er Schneller Pfeil verächtlich den Rücken zu.

Der Schwarze hatte nun gemerkt, dass etwas in der Luft

lag, und blickte zu ihnen hinüber. Er sah die beiden Reiter auf sich zukommen und musterte sie und ihre Pferde kurz. Etwas an ihrer angespannten Haltung beunruhigte ihn und er drehte sich zu ihnen um.

Die beiden zögerten, lenkten dann aber ihre Pferde um ihn herum und stellten sich in einigem Abstand von ihm auf. Tosendes Wasser kam nun langsam näher. Er hatte sein Pony stehen lassen und ging mit kurzen Schritten auf den Schwarzen zu. Der hatte seine Ohren aufgestellt und blickte ihm misstrauisch entgegen. Er zeigte keine Angst, aber doch Neugier.

Tosendes Wasser murmelte nun ein paar beruhigende Worte und griff dann kurz entschlossen nach den Zügeln. Der Mustang bewegte seinen Kopf mit einer spielerischen Bewegung zur Seite und stellte den Abstand damit wieder her. Der junge Mann griff erneut zu, doch nun wurde es dem Schwarzen zu viel. Er brach zur Seite hin aus und umrundete ihn. Einer der Reiter hatte vor ihn zurückzudrängen, doch er war nicht schnell genug. Sein Pony wollte nachsetzen, aber da schnappte der Schwarze nach ihm. Durch diese unmissverständliche Drohgebärde fiel es zurück und ließ ihm damit genug Zeit, der Umklammerung zu entgehen. Der Schwarze schüttelte verstimmt den Kopf und ließ seine Mähne flattern. Dann stellte er sich demonstrativ neben Schneller Pfeil. Der streichelte ihm kurz über die Nüstern und wurde mit einem Schnauben belohnt.

Dann verschränkte er beide Arme vor der Brust und sah Tosendes Wasser vielsagend an.

Dessen Selbstsicherheit war mit einem Mal wie

weggeblasen. Plötzlich war er verunsichert und wünschte, er wäre auf seinem Pferd sitzen geblieben. Zu Fuß fühlte er sich angreifbar und dieser Eindruck wurde noch verstärkt durch diesen rätselhaften Mustang, der ihn mit seinen großen braunen Augen zu durchschauen schien. Die Geschichten, die man sich über das Geisterpferd erzählte, fielen ihm wieder ein. Ein Mustang, der es mit einem Wolfsrudel aufnahm. Der Zäune wie nichts überwand und der, wenn man dem neuesten Gerücht trauen konnte, auch vor einem Bison keine Furcht zeigte. Das alles konnte nicht mit rechten Dingen zugehen, und genau deshalb wollte er diesen Mustang unbedingt.

Einer seiner Freunde klopfte seinem Pony auf den Hals und dieses Geräusch unterbrach seine Gedanken.

Das Schweigen stand wie eine Mauer zwischen ihnen. Tosendes Wasser schüttelte seine Bedenken ab und wollte sich gerade nach vorn bewegen, als der Schwarze ihm die Entscheidung abnahm.

Aus dem Stand galoppierte er plötzlich an und schoss an ihm vorbei. Die beiden Reiter sahen ihm erstaunt entgegen und dann ging alles ganz schnell. Das rechte Pony, welches bereits einmal vor ihm zurückgezuckt hatte, scheute erneut und wich nach hinten aus. Sein Reiter konnte es nicht bändigen und das andere Pony folgte einfach dem Beispiel seines Artgenossen.

Der Schwarze stieg hoch und wirbelte mit seinen Hufen in einem Halbkreis den zurückweichenden Ponys hinterher. Wenn es noch einer weiteren Ermunterung zum Rückzug bedurft hätte, so wurde sie ihnen jetzt gegeben. Beide stoben erschreckt davon und die Jünglinge auf ihnen waren zu verschreckt, um sie zur Ordnung zu rufen. Tosendes Wasser sah das alles mit verkniffenem Mund hilflos mit an. Sein eigenes Pony war ein paar Meter ans Wasser gelaufen und schaute von dort argwöhnisch dem Treiben zu.

Schneller Pfeil sah seinen Widersacher spöttisch an. Von dessen Entschlossenheit war nicht mehr viel übrig geblieben. Sein Trotz gebot ihm, noch einen Rest von Würde zu bewahren, als er sich mit einer resignierten Geste von ihm abwandte.

„Diese Sache ist noch nicht vorbei", drohte er, doch er behielt dabei den Schwarzen im Auge, der gerade an ihm vorbei zum Wasser lief, und strafte damit seine eigenen Worte Lügen.

„Dein Mustang", erinnerte Schneller Pfeil ihn sanft und tatsächlich drehte der sich gerade von ihnen weg, um dem unheimlichen schwarzen Mustang auszuweichen. Tosendes Wasser setzte sich nun doch sichtbar schneller und auch deutlich weniger würdevoll in Bewegung. Sein Mustang blieb schließlich stehen und er schwang sich auf seinen Rücken.

Ohne ihn eines weiteren Blickes zu würdigen, riss er ihn hart am Zügel herum und gab ihm die Fersen zu spüren. Schneller Pfeil sah ihm erleichtert hinterher und spürte, wie er die angestaute Luft entweichen ließ.

„Ich habe das Gefühl, dass er uns das so schnell nicht vergessen wird", sagte er zu seinem Mustang, welcher ihn, als hätte er alles verstanden, tröstend mit dem Kopf anstieß.

Schneller Pfeil hatte sich am nächsten Tag mit ein paar Gleichaltrigen beim Bogenschießen verabredet. Diese Tätigkeit wurde nie einfach nur zu Spaß betrieben, denn dafür war sie viel zu wichtig. Wer ein guter Jäger oder Krieger sein wollte, der musste den Bogen sicher beherrschen können. Deshalb gab es auch immer ein paar Zuschauer, die zu jedem Schuss ihre Kommentare abgeben mussten. Als Ziel diente eine aus Weidenruten geflochtene Scheibe, welche mit einer alten Decke und Stroh gepolstert war. Es traten immer zwei Schützen gegeneinander an und auf eine Entfernung von dreißig Schritten traf fast jeder Pfeil.

Schneller Pfeil trug seinen Namen nicht ohne Grund. Er war einer der besten Bogenschützen, aber heute war Kleiner Fuchs immer um einen Fingerbreit besser als er.

„Dein Körper ist hier, aber deine Gedanken scheinen weit weg zu sein", sprach ihn der Freund endlich auf sein ungewohnt schlechtes Abschneiden an.

Schneller Pfeil zuckte mit den Schultern. Er hatte seinem Freund noch nicht von dem gestrigen Vorfall erzählt, weil er ihn nicht beunruhigen wollte. Aber mittlerweile wünschte er sich, er hätte es getan. In dieser Nacht hatte ihn der Schlaf gemieden und er hatte sich endlos auf seinem Lager hin- und hergewälzt.

„Ich glaube, du bist inzwischen einfach besser geworden", versuchte er zu scherzen, doch sein Freund durchschaute ihn mühelos.

„Machst du dir Gedanken, was sich Tosendes Wasser einfallen lassen könnte, und ob du an dem Kriegszug teilnehmen solltest?"

Schneller Pfeil nahm einen neuen Pfeil aus dem Köcher und legte ihn ein. Manchmal war ihm sein Freund direkt unheimlich. Er brauchte ihn nur anzusehen und wusste genau was ihn beschäftigte.

„Ich würde gern bei diesem Abenteuer dabei sein", gestand er sich schließlich auch selbst ein.

„Aber ich weiß nicht, ob das wirklich eine so gute Idee wäre."

Kleiner Fuchs visierte an und ließ seinen Pfeil dann mit einem zufrieden Grinsen ins Ziel einschlagen.

Natürlich war er wieder ein Hauch dichter an der Mitte als der Pfeil seines Gegners.

„Lass dir mit deinen Überlegungen ruhig Zeit. Ich finde, das Ganze will wohl durchdacht sein."

Schneller Pfeil gab ihm einen leichten Hieb mit dem Bogenende auf den Arm, was ihm einen tadelnden Blick der Zuschauer eintrug, die ihre leisen Worte nicht hören konnten. Sie glaubten, er wäre ein schlechter Verlierer und das wurde nicht gerade geschätzt. Kleiner Fuchs ließ sie in dem Glauben. Er rieb etwas übertrieben die getroffene Stelle und hatte Mühe, sich ein Grinsen zu verkneifen.

„Ich verstehe dich nicht. Du hattest damit doch eigentlich schon abgeschlossen. Warum reizt es dich dann immer noch?"

Schneller Pfeil biss sich auf die Lippe. So ganz sicher konnte er es eigentlich auch nicht sagen. Er hatte den Verdacht, dass sich sein Vater und sein Onkel darüber freuen würden und es von ihm mehr oder weniger erwarteten. Er selbst setzte sich natürlich auch unter Druck, denn wenn er nicht mit ritt, würden andere den Ruhm erwerben und er vielleicht im Abseits stehen. Die Vorstellung, dass Tosendes Wasser als gestandener Krieger zurückkam, dessen Wort bei Beratungen gehört wurde, schreckte ihn. Andererseits hatte er sich nun aber auch um seinen Mustang zu kümmern und dafür brauchte er erst einmal Zeit.

Das alles konnte er aber unmöglich in Worte verpacken, auch wenn er wusste, dass sein Freund ihn wahrscheinlich irgendwie verstehen würde.

Entschlossen hob er den Bogen an und setzte seinen nächsten Pfeil direkt in die Mitte. Diesen Schuss konnte man nicht mehr schlagen und Kleiner Fuchs zog beeindruckt die Augenbrauen hoch.

Dann fiel sein Blick auf die Gruppe der Zuschauer und seine Augen verengten sich zu schmalen Schlitzen.

„Vielleicht will uns Tosendes Wasser ja selbst einladen. Da kommt er nämlich gerade."

Er deutete mit dem Kinn in die Richtung und schoss dann seinen Pfeil an den Rand der Scheibe. Seine Konzentration war offensichtlich dahin, wie er feststellen musste.

Tosendes Wasser hatte den missglückten Versuch mit einem höhnischen Lächeln quittiert und kam nun auf sie zu. Er ging so selbstsicher, als hätte es den gestrigen Vorfall nicht gegeben, und spürte die Blicke der anderen auf sich ruhen.

„Die jungen Krieger werden morgen zu einem Kriegszug gegen die Apachen aufbrechen. Wer mitkommen will, kann sich heute noch bei mir melden." Er machte eine

Pause und sah sich auffordernd um. Für ihn stand fest, dass alle Jünglinge seines Alters mitkommen wollten, und so ganz falsch lag er damit nicht.

Schneller Pfeil bemerkte, dass viele der Umherstehenden bereitwillig nickten und damit ihre Zustimmung gaben. So mancher hatte sein Messer bereits in den Totempfahl gestoßen, der in der Mitte des Dorfes stand, und damit für alle ersichtlich seine Teilnahme verkündet. Einige Wenige hielten sich zurück und auch das war nicht ungewöhnlich. Jeder durfte selbst entscheiden, wann er soweit war. Die innere Einstellung und die persönliche Medizin gaben dafür den Ausschlag. Schneller Pfeil hatte nach dem ersten Zusammentreffen mit seinem Mustang immer wieder von dem Geisterpferd geträumt. Er hatte es zu seinem Totem gemacht, an das er fest glaubte. Wenn er über etwas nachdachte, hielt er mit ihm Zwiesprache und wenn er sich etwas wünschte, wandte er sich an ihn. Jetzt war sein größter Wunsch erfüllt worden. Das Geisterpferd war zurückgekehrt und noch viel besser, sie hatten zusammengefunden. In diesem Moment wurde ihm auch klar, was Tosendes Wasser wirklich wollte, und er wappnete sich innerlich.

Sein Gespür hatte ihn nicht im Stich gelassen.

„Einem ist die Teilnahme allerdings untersagt." Tosendes Wasser machte eine bedeutungsschwere Pause und genoss die neugierigen Blicke.

„Schneller Pfeil wird nicht mitkommen können. Sein Mustang hat sich noch nicht an das Zusammenleben mit uns gewöhnt und stellt damit eine Gefahr für alle da. Er sollte versuchen, den Schwarzen zu beherrschen und nicht anders herum."

Diese Spitze war direkt an ihn gerichtet und Schneller Pfeil dachte nicht daran ihr auszuweichen.

„Wenn ich hätte mitkommen wollen, dann hättest du mein Messer am Totempfahl gesehen. Mein Mustang benötigt aber tatsächlich noch Zeit und die werde ich ihm geben."

Tosendes Wasser spuckte verächtlich auf den Boden.

„Der Schwarze braucht nicht mehr Zeit sondern die Peitsche. Ich würde ihm in wenigen Tagen zeigen, wer sein Herr ist."

Schneller Pfeil lächelte, auch wenn ihm nicht danach zumute war.

„Mein Mustang hat dich auch ohne Peitsche besiegt. Er scheint also doch schnell genug zu sein, und ich denke, ich bleibe lieber bei meiner Methode. Wenn man viel mit der Peitsche arbeitet, trifft man schnell mal den Falschen."

Er strich sich das Haar aus der Stirn, auf der immer noch ein roter Striemen zu sehen war. Ein paar der Zuhörer lachten, denn für ein gutes Streitgespräch hatten sie viel übrig. Tosendes Wasser verzog ärgerlich sein Gesicht. Er teilte lieber aus als dass er einsteckte, doch mit Schneller Pfeil war das nicht so leicht. Im Gegensatz zu ihm selbst behielt er oft die Ruhe und wog seine Worte genau ab. Ihn musste man also anders treffen.

Er machte eine Handbewegung, als wollte er die Worte seines Gegenübers wegwischen.

„Du bleibst hier", betonte er und sah ihm dabei direkt in die Augen.

„Während wir Pferde erbeuten und man über unsere

Taten am Lagerfeuer erzählen wird, bleibst du hier zurück. Hilf den Frauen. Vielleicht können sie dir das Nähen beibringen."

Schneller Pfeil spürte, wie ihm das Herz bis zum Hals pochte. Er war nahe dran, seine Selbstbeherrschung zu verlieren, und genau das musste Kleiner Fuchs neben ihm gespürt haben.

„Falls es dir entgangen sein sollte", griff er ins Geschehen ein. „Es werden zwar viele, aber längst nicht alle jungen Krieger mit Adlerschwinge reiten. Denn dein Vater führt den Kriegszug an, nicht du."

Hinter ihnen lachten ein paar der Zuhörer. Für ihren Geschmack führte Tosendes Wasser zu oft das große Wort, ohne durch Leistung dazu berechtigt zu sein. Dafür hatten sie ein Gespür, während sie auf die Erwiderung von Tosendes Wasser warteten.

Sein Gesicht hatte mittlerweile einen dunkleren Ton angenommen und seine Wut war ihm anzusehen. Bevor er jedoch etwas hervorbringen konnte, trat Adlerschwinge in sein Blickfeld und er schloss den bereits geöffneten Mund wieder.

Sein Vater stand für all das, was er erst noch erreichen wollte. Er hatte sich vielfach ausgezeichnet und sein Wort galt unter den Kriegern. Nun erfasste er die Situation mit einem Blick und gab seinem Sohn ein stummes Zeichen aufzuhören und ihm zu folgen. Auch wenn es Tosendes Wasser schwerfiel, es wäre ihm nicht eingefallen, seinem Vater zu widersprechen.

Schneller Pfeil sah ihm nachdenklich hinterher. Er konnte sich nicht so richtig erklären, wie es zu dieser

Auseinandersetzung gekommen war. Irgendwas an ihm musste Tosendes Wasser geradezu reizen. Es wäre ihm nie in den Sinn gekommen, dass seine ruhige und entschlossene Art der Auslöser dafür war. Gerade seit er den schwarzen Mustang an seiner Seite hatte, nahmen ihn viele Mitglieder des Stammes anders wahr und das schien auch Neider hervorzubringen. Eine Situation, an die er nicht gewöhnt war.

Kleiner Fuchs neben ihm schüttelte verständnislos den Kopf.

„Ich weiß nicht, was er sich davon verspricht, aber damit macht er sich nicht viele Freunde."

Schneller Pfeil nickte verdrossen.

„Lassen wir ihn. Vielleicht erringt er ja wirklich Ansehen im Kampf und kann seinen Ehrgeiz stillen. Es mag sein, dass dann besser mit ihm auszukommen ist."

Sein Freund sah ihn zweifelnd an.

„Glaubst du wirklich, dann wird es leichter?"

Schneller Pfeil grinste ihn an und schüttelte den Kopf. Er war von seinen eigenen Worten nicht überzeugt und er war auch ehrlich genug, das offen einzugestehen. Die Freude am Bogenschießen war ihnen jedenfalls erst einmal vergangen.

9. Abenteuer in der Prärie

Am späten Nachmittag des nächsten Tages ritten die Teilnehmer des Kriegszuges los. Wie die meisten Stammesmitglieder standen auch Schneller Pfeil, Kleiner

Fuchs und Dachshaar bei denen, die der Schar zujubelten. Dachshaar hatte sich erst im letzten Moment entschieden nicht mitzukommen. Als er nun die geschmückten und stolzen Krieger auf ihren bemalten Pferden sah, bereute er seinen Entschluss für einen Moment. Kleiner Fuchs zwinkerte ihm verschwörerisch zu. Er wusste, was in dem Freund vorging. Doch ihre Zeit würde kommen, da war er ganz sicher.

Eigentlich wäre es sinnvoller gewesen früher aufzubrechen, doch es gab bei den Comanchen viele Riten und Bräuche, die aus ihrer Vergangenheit herrührten und nicht so einfach zu durchschauen waren. Vor vielen Jahren endete ein Kriegszug, der in den Morgenstunden begann, in einem Desaster und seitdem brach man eben kurz vor der Abenddämmerung auf. Die Krieger legten dann keine große Distanz mehr am Tag zurück und suchten sich zügig ein Nachtlager.

Nun überzog sie die Abendsonne mit einem milden Licht und brachte die Farben auf ihren Gesichtern und Ponys eindrucksvoll zur Geltung. Bald waren sie hinter einem Hügel verschwunden, nur begleitet von ein paar Kindern, die sie auf ihren Pferden noch ein Stück begleiteten.
Bald kehrte wieder der Alltag bei ihnen ein.

Schneller Pfeil und seine Freunde unternahmen viele Ausritte. Der Schwarze sollte sich an die anderen Mustangs gewöhnen und das tat er nur langsam. Der junge Mustang von Dachshaar tollte manchmal völlig ausgelassen umher und Schattenfell wurde immer wieder an seine schöne Zeit mit den anderen Wildpferden erinnert, die so plötzlich endete. Der Sommer setzte ein und die gesamte Prärie war nun ein durchgehender grüner Teppich, dessen Grashalme vom Wind in alle Richtungen getrieben wurden. Die Tage waren unbeschwert und voller Abenteuer. Sie liefen um die Wette und lernten, auf die Rufe und die Bewegungen ihrer Reiter zu reagieren. Sie lernten, schon auf die kleinsten Anzeichen von ihnen zu achten und genossen es, in vollem Galopp über die Ebenen zu stürmen. Manchmal, wenn sie an einen Fluss gelangten, konnten sie schwimmen und danach liefen sie am Uferbereich entlang, so dass das Wasser in alle Richtungen spritzte. Ihre Ausritte wurden immer länger und bald blieben sie auch über mehrere Tage dem Zeltlager fern.

Die Jünglinge spürten, wie gut ihnen diese Zeit tat, während sie abends am Lagerfeuer saßen und sich über Dinge unterhielten, die sie sonst vielleicht nie ansprechen konnten. Selbst ihre Mustangs lebten auf. Schneller Pfeil bemerkte erfreut, wie sein schwarzer Mustang zur Ruhe kam. Es schien fast so, als würde sich zu seiner bisherigen äußerlichen Gelassenheit auch eine neue, tiefere Geborgenheit einstellen. Die anderen Mustangs waren ihren Herren ebenfalls sehr zugetan, doch keiner entwickelte eine ähnliche Anhänglichkeit wie er. Diese äußerte sich in einer Verspieltheit, die ihn immer wieder überraschte. Sein Mustang hatte sich irgendwann angewöhnt, nach einem seiner Mokassins zu schnappen. Wenn er nicht aufpasste, konnte er dem Schwarzen dann eine Zeitlang hinterherlaufen, während sich seine Freunde vor Lachen fast auf dem Boden wälzten.

Schneller Pfeil lachte dann mit, doch bald hatte er einen

Ausweg gefunden. Er ließ dem Mustang seine Freude und wenn er genug hatte, spielte er ihm etwas auf seiner Flöte vor. Dann kam der Schwarze ganz von allein zu ihm und brachte den Schuh gleich mit. Kleiner Fuchs schüttelte nur den Kopf und nannte seinen Mustang einen schwarzen Hund, wenn er über ihn redete.

Ihre Nahrung suchten sie sich in dieser Zeit selbst und sie lebten nicht schlecht damit. Es gab Präriehühner oder auch Hasen und einmal erlegte Dachshaar eine Antilope, mit deren Fleisch sie drei Tage lang auskamen. Eines Nachmittags entdeckte Kleiner Fuchs Spuren von beschlagenen Pferdehufen und zeigte sie den anderen. Ihre eigenen Mustangs trugen keine Hufeisen, also musste es sich dabei um weiße Männer handeln. Doch was diese hier, so weit draußen in der Prärie wollten, war ihnen ein Rätsel. Sie hatten zwar davon gehört, dass ein paar der Comanchengruppen weiter südlich mit Händlern Kontakt hatten, doch so weit nördlich hatte sich noch keine Gruppe gewagt.

Schneller Pfeil sah die Neugier in den Augen seiner Freunde. Sie waren nur noch einen knappen Tagesritt von ihrem Lager entfernt und damit nicht weit genug, um diese Spuren zu ignorieren. Sie verständigten sich mit einem Blick und folgten dann der Fährte. Die Abdrücke waren noch nicht alt. Die Reiter mochten hier vor wenigen Stunden vorbeigekommen sein und sie würden sie bis zum Abend ganz sicher einholen. Mitten durch die Hufspuren der Pferde war das Gras an zwei Stellen durchgehend niedergewalzt. So etwas hatte keiner von ihnen je gesehen und ihre Neugier stieg. Sie selbst kannten nur Tragen, die von Pferden gezogen wurden. Diese Fährte hier zu verlieren war für sie unmöglich. Sie konnten sich nicht vorstellen, warum man so eine weit erkennbare Spur hinterließ, doch zumindest ließ das auf keinerlei feindliche Absichten schließen. Tatsächlich erreichten sie die Gruppe früher als erwartet, denn deren Tempo war für ihre Verhältnisse äußerst gering.

Kleiner Fuchs sah sie zuerst und verständigte seine Freunde mit einem Ruf. Die Gruppe Reiter bestand aus nur vier Männern, die ein hölzernes Gefährt abschirmten. Dieses wurde von Pferden gezogen und hinterließ diese merkwürdige Spur, welche sie nicht hatten einordnen können. Kleiner Fuchs feuerte seinen Mustang an und die beiden anderen taten es ihm nach. Das hier war nach ihrem Verständnis ihre Prärie und wer sie betrat, tat das besser nicht ohne ihr Einverständnis.

In einem halsbrecherischen Galopp ritten sie auf die Gruppe zu, welche sie jetzt ebenfalls erkannt hatte.

Das merkwürdige Gefährt hielt an und die vier Männer scharten sich darum, während sie ihnen entgegensahen. Die jungen Krieger konnten nicht widerstehen, den Neuankömmlingen eine Probe ihrer Reitkünste vorzuführen, und donnerten, ohne die Geschwindigkeit zu verringern, direkt auf sie zu.

Kurz vor ihnen rissen sie ihre Mustangs zur Seite und hingen sich an ihre Flanken, so dass sie plötzlich unsichtbar waren. Die fünf Männer, denn einer saß noch auf dem Gefährt, gingen vorsichtshalber ein paar Schritte zurück und einer hielt sogar abwehrend die Hand vor sein

Gesicht. Dieses offensichtliche Zeichen der Furcht verleitete Dachshaar zu einem triumphierenden Schrei, in den sie alle mit einfielen. Dann lenkten sie ihre Ponys wieder zurück und hielten vor der Gruppe an, als sei nichts geschehen. Schneller Pfeil hatte schon viel über die weißen Männer gehört, doch noch nie selbst einen gesehen, und seinen Freunden ging es genauso. Deshalb ließ er seinen Blick sofort neugierig über die Kleidung und Waffen huschen, ohne sich dafür zu schämen. Man sah den Männern ihre lange Reise an, denn sie mussten wegen ihrer langsamen Geschwindigkeit bereits seit Wochen unterwegs sein. Drei von ihnen trugen ihre Haare sogar im Gesicht, was für Schneller Pfeil vollkommen merkwürdig aussah. Seine Stammesbrüder hatten so etwas nicht.

Ihre Kleidung war verdreckt und teilweise notdürftig ausgebessert und Schneller Pfeil bemerkte jetzt, dass diese Männer auch anders rochen.

Einer von ihnen ließ sein Pferd zwei Schritte vorgehen und sprach sie an. Er konnte nur einige wenige Worte in ihrer Sprache, die er auch völlig falsch betonte, doch es war klar, dass sie als Freunde gekommen waren. Dann ging er in die Zeichensprache über und jetzt verstanden sie ihn besser. Die Zeichensprache wurde in der ganzen Prärie genutzt und war eine gute Möglichkeit, um sich zu verständigen. Auch wenn sich manche Zeichen stark ähnelten oder teilweise mehrere Bedeutungen hatten, konnte sich jeder mit etwas Übung verständlich machen. Zuerst wollte der Weiße wissen, zu welchem Stamm sie gehörten. Schneller Pfeil machte auf seiner Brust mit zwei

Fingern das Zeichen für eine zurückkriechende Schlange. Dieses Zeichen stand überall für die Comanchen und der Weiße nickte verstehend. Er machte ihnen durch einige Zeichen deutlich, dass sie Händler waren. Er nannte sich Comanchero und Schneller Pfeil erinnerte sich, schon viele Geschichten über diese Männer gehört zu haben, die am Lagerfeuer erzählt wurden.

Die Comancheros waren Händler aus New Mexiko, die mit den Indianerstämmen weiter im Norden, darunter vor allem den Comanchen, zusammenarbeiteten.

Der junge Mann, der vorhin bei ihrer Attacke versucht hatte sein Gesicht zu schützen, stieg nun ab und holte etwas aus dem Gefährt heraus. Seine Haut wirkte ungewohnt weiß und er schützte sich mit einem breitkrempigen Hut vor der Sonne. Sein Haar schimmerte in der Sonne fast rötlich, während alle anderen deutlich dunklere Haut hatten und schwarzhaarig waren. Schneller Pfeil konnte kaum seinen Blick von ihm lösen und als er dichter trat, berührte er neugierig sein Haar. Der Weiße zuckte zurück, lächelte aber dann unsicher und breitete einige Sachen vor ihnen auf dem Boden aus. Die anderen Männer stiegen nun von ihren Pferden und die jungen Krieger sahen sich fragend an. Gefahr schien ihnen hier nicht zu drohen und so folgten sie dem Beispiel.

Dachshaar griff nach einem Gürtel, der eine auffällige silberne Schnalle hatte, die im Sonnenlicht funkelte. Kleiner Fuchs zögerte, doch der Anführer machte eine einladende Geste und so suchte er sich ebenfalls etwas aus. Seine Wahl fiel auf eine bestickte Weste, die mit leuchtend roten und gelben Streifen verziert war.

Schneller Pfeil griff zu einer glänzenden Dose. Als er sie öffnete, sah er ein schwarzes Pulver, welches bitter roch. Er schaute den Anführer fragend an, der ihm zu verstehen gab, dass dieses etwas zum Trinken sei, doch Schneller Pfeil legte es lieber wieder zurück. Stattdessen weckte ein Messer mit langer Klinge seine Aufmerksamkeit und er nahm es an sich.

Der Weiße lächelte ihnen freundlich zu und schien sich zu freuen, dass ihnen die Dinge gefielen. Er fragte nun, wo ihr Dorf sei, und die jungen Männer sahen keinen Grund, es ihnen zu verschweigen.

Bereitwillig boten sie sich als Führer an und so ritten sie gemeinsam Richtung Osten. Für die Strecke, die sie an einem halben Tag zurückgelegt hätten, brauchten sie zwei volle Tage. Der Wagen, so nannten die Weißen ihr Gefährt, rumpelte quälend langsam voran und bestimmte ihr Tempo. Abends wurden sie von den Händlern eingeladen, von ihren Vorräten zu nehmen. Ein paar Sachen kannten sie schon, während andere ihnen vollkommen fremd waren. Schneller Pfeil aß zum ersten Mal in seinem Leben gepökeltes Fleisch und schluckte es nur mit großer Selbstbeherrschung hinunter. Er konnte nicht verstehen, warum die Männer nicht einfach für frisches Fleisch sorgten, doch vielleicht waren sie dazu nicht in der Lage. In der Abenddämmerung schossen Kleiner Fuchs und er ein paar Hasen und sorgten so für eine Bereicherung des Speisezettels. Sie probierten auch diese schwarze, bittere Flüssigkeit, von der alle nicht genug bekommen konnten. Sie selbst brachten ihre Portion nur mit einem großen Löffel Zucker hinunter,

doch damit schmeckte es nicht schlecht. Die weißen
Männer interessierten sich sehr für ihre Waffen und
Pferde und bekamen natürlich reichlich Gelegenheit diese
zu begutachten. Schneller Pfeil wies vor den Männern auf
einen verkrüppelten Baumstamm, dessen Stamm von
einem Blitz gespalten war. Dann trieben die drei ihre
Mustangs an und schossen aus dreißig bis vierzig Metern
jeder ein paar Pfeile in die noch helle Bruchstelle. Die
weißen Männer schrien immer wieder begeistert auf,
wenn ein Pfeil einschlug. Für sie war es unbegreiflich, wie
man mit einem Bogen, noch dazu im vollen Galopp, ein
Ziel so kurz hintereinander treffen konnte. Sie selbst
waren mit Gewehren bewaffnet, welche man nach jedem
Schuss mühsam und zeitraubend nachladen musste.
Damit zu treffen war schwierig und vom Pferd aus sogar
völlig unmöglich. Dazu kam der Rückschlag der Waffe, der
Dachshaar, der es einmal ausprobieren wollte,
schmerzhaft gegen die Schulter stieß.
Die weißen Männer interessierten sich auch für die
Pferde ihrer neuen Freunde und hier war es vor allem der
schwarze Mustang, der ihre Aufmerksamkeit fesselte.
Schneller Pfeil beobachtete, dass einer der Männer ihn
kaum aus den Augen lassen konnte. Jede geschmeidige
Bewegung wurde verfolgt und dann flüsterten zwei der
Händler eifrig miteinander. Kleiner Fuchs warf seinem
Freund einen verstohlenen Blick zu und Schneller Pfeil
saß aufrecht wie ein Speer und genoss die Bewunderung.
Manuel, der Anführer der Mexikaner, flüsterte mit dem
Jüngsten ihrer Gruppe. Wer ihn kannte, spürte seine
Erregung in den Worten mitschwingen.

„Und du bist dir sicher, dass das eines von diesen Pferden ist?"

Juan, dessen rötliches Haar in der Sonne glitzerte, beugte sich etwas zu ihm vor.

„Dieses Pferd ist kein Mustang. Ich habe dir doch erzählt, dass mein Vater lange als Schmied gearbeitet hat. Wir sind durchs halbe Land gezogen. Wo immer ein Schmied gebraucht wurde, haben wir unsere Arbeit angeboten. Vor einem halben Jahr waren wir auf einer Hacienda in der Nähe von Santa Carina. Der Patron dort hieß Don Bernardo und züchtete Pferde. Doch es waren nicht irgendwelche Pferde. Ihm hatten es die Araber angetan."

Er bemerkte den fragenden Blick des Älteren und holte weiter aus. „Das sind Vollblüter, edle Tiere, die aus fernen Ländern stammen. Diese kamen aus Spanien, glaube ich. Sie sind unheimlich wertvoll und als eines von ihnen mal krank wurde, ist der Herr zwei Nächte bei ihm geblieben und hat sogar nach einem fernen Arzt schicken lassen."

Er schüttelte den Kopf, als würde ihm soviel Aufwand für ein Pferd immer noch merkwürdig vorkommen.

„Diese Rasse gibt es auf jeden Fall auf dem ganzen Kontinent nicht noch einmal. Die anderen Pferde aus der Zucht sind alle bei einem Großbrand umgekommen. Man fand zwar Spuren von einem Junghengst, dem die Flucht gelungen sein soll, doch er lief wie verrückt in Richtung Norden. Niemand konnte ihn einholen, er blieb verschollen." Er sah nachdenklich zu dem schwarzen Mustang hinüber.

„Manche behaupteten, er wäre bei diesem Brand wahnsinnig geworden und sei vom Teufel besessen.

Angeblich wurde er auch immer mal wieder von einigen Leuten gesichtet, doch es stellte sich stets als Gerücht heraus."

Er sah etwas ungläubig zu dem Schwarzen hinüber, der friedlich am Gras rupfte.

„Und jetzt steht er da."

Manuel fuhr sich mit der Hand über sein unrasiertes Kinn. Die genauen Angaben hatten seine letzten Zweifel zerstreut. Nun witterte er eine Möglichkeit zum Geld verdienen und war in Gedanken vertieft.

„Die Comanchen können unmöglich wissen, wie wertvoll dieser Hengst ist. Vielleicht können wir ihn ihnen ja abkaufen oder gegen irgendetwas eintauschen. Ich werde mir etwas einfallen lassen."

Er sah Juan durchdringend an. „Das bleibt unter uns. Zu niemandem ein Wort!"

Juan nickte eifrig. Er wusste, dass ihr Boss auch noch eine andere Seite hatte, und war nicht scharf darauf sie kennenzulernen.

Am späten Nachmittag erreichten sie endlich das Dorf. Kleiner Fuchs und Dachshaar hatten es sich nicht nehmen lassen und waren ihnen vorangeeilt, um sie anzumelden. Sie berichteten, wie und auch wo sie die Händler getroffen hatten und was diese bei ihnen wollten. Ein Großteil der Stammesmitglieder war auf die Besucher und vor allem auf die mitgebrachten Waren neugierig. Alle legten ihre beste Kleidung an und viele zupften noch ihre Sachen zurecht, als der Trupp bereits ins Lager ritt. Sitzender Bär, der Häuptling ihrer Gruppe, hieß die

Händler willkommen. Förmlichkeiten wurden ausgetauscht und dann zogen sich die Männer zur Beratung zurück.

Schneller Pfeil erzählte seinem Vater alles ganz genau und war wenig überrascht, dass der bereits mit anderen Comancheros zu tun gehabt hatte. Roter Hirsch lächelte stolz vor sich hin.

Ihm selbst erschien es erst wenige Jahre her, dass sie Vieh und Getreide, welches sie in Mexiko erbeutet hatten, bei den Comancheros eingetauscht hatten. Diese gaben ihnen dafür Werkzeuge aus Stahl, wie Messer, Pfannen oder Nadeln. Man bekam Stoffe, Tabak, aber auch Waffen von ihnen. Es war für beide Seiten ein einträgliches Geschäft und man kam stets gut miteinander aus.

Schneller Pfeil bemerkte, dass sein Vater das neue Messer in seinem Gürtel musterte und zufrieden nickte. Wenn sein Sohn ausgezeichnet wurde, trug das auch zum guten Ansehen die Familie bei und das war ihm stets wichtig. Sitzender Bär ließ Roter Hirsch in diesem Moment zu sich ins Beratungszelt holen und Schneller Pfeil konnte sich wieder um seine Sachen kümmern. Er war stolz darauf, dass das Wort seines Vaters so viel galt, und führte seinen Mustang gut gelaunt zur Koppel. Er entließ ihn nicht ohne seine üblichen Streicheleinheiten und der Schwarze legte ihm wie immer den Kopf auf seine Schulter und genoss die Zuwendung. Kleiner Fuchs kam mit einigen anderen jungen Männern in seine Richtung, während er ihnen alles über ihr Zusammentreffen mit den Händlern erzählte. Wenn man ihm zuhörte, klang es im Nachhinein aufregender, als wenn man dabei gewesen war, dachte

Schneller Pfeil belustigt. Erst jetzt fiel ihm auf, wie wenige junge Männer noch im Dorf zu sehen waren, die sonst das Bild des Dorfes mitbestimmten. Die Frauen gingen ihren normalen Arbeiten nach. Sie bereiteten das Essen, wuschen die Wäsche, nähten Kleidungsstücke oder kümmerten sich um die Kinder. Als junger Krieger, also auch Schneller Pfeil, war man von solchen Arbeiten befreit. Er konnte sich ganz auf seine Waffen, seinen Mustang und die Jagd konzentrieren. Rabenfeder, sein Onkel, hatte davon gesprochen, bald einen Beutezug nach Mexiko anführen zu wollen, und dieses Mal würde er mit seinen Freunden daran teilnehmen. Das Leben erschien ihm oft als ein einziges großes Abenteuer und er genoss es in vollen Zügen.

Die Händler wurden von allen überaus freundlich behandelt. Sie konnten sich frei bewegen und mit jedem tauschen, der dazu bereit war. Natürlich schnitten sie dabei immer etwas besser ab. Die Comanchen taten sich schwer, den tatsächlichen Wert einer Ware einzuschätzen, aber es war ja nicht so, dass sie für ihre Beute bezahlt hätten. So hatten sie zumindest die Gelegenheit, Dinge zu erwerben, die für sie sonst unerreichbar gewesen wären, und alle waren zufrieden. Der Wagen leerte sich sehr schnell und die Händler rieben sich die Hände. Am selben Abend gab es noch ein Abschiedsfest und dann würden sie wieder abreisen.

Die Mexikaner erhielten am Lagerfeuer einen Ehrenplatz neben Sitzender Bär. Gemeinsam rauchten sie guten Tabak aus ihren Vorräten und sahen dem Treiben um sich herum zu. Sie hatten auch zwei Flaschen starkes Wasser bereitgestellt, das fürchterlich in der Kehle brannte. Sitzender Bär hob bereits die dritte Schale an den Mund und prostete dem Anführer der Händler zu, der seine eigene Schale ebenfalls schwungvoll leerte. Ein paar andere Krieger hielten mit, doch Schneller Pfeil sah, dass sein Vater die Schale nicht anrührte. Zum Schlag der Trommel begannen die Krieger nun einen Kriegstanz und ihre zuckenden Schatten wirkten neben ihren bemalten Gesichtern furchteinflößend. Es waren nicht so viele Gestalten wie sonst, die zu dem gleichmäßigen Takt auf den Boden stampften, denn der Auszug der jungen Männer hatte auch hier spürbare Lücken gerissen. Schneller Pfeil wiegte im Rhythmus der Trommeln den Kopf vor. Neben ihm stopfte sich Kleiner Fuchs schon das vierte Stück Büffelfleisch in den Mund und wischte die Hände dann zufrieden an seiner Leggings ab. Sie hatten an diesem Abend wahre Fleischberge vertilgt und viele von ihnen hatten ihre neue Kleidung bereits mit den ersten Fettspritzern verziert. Schneller Pfeil sah vor allem die Frauen nach dem Essen energisch an einzelnen Stücken reiben und grinste nur dazu. Viele von ihnen hatten farbige Bänder im Haar und einigen stand das auch ausgesprochen gut. Kleiner Fuchs bemerkte, wie das Mädchen Blauhaar seinen Freund Gedanken verloren ansah und stieß ihn mit dem Fuß an, um ihn darauf aufmerksam zu machen. Schneller Pfeil sah zu ihr hinüber, doch sie sah schnell weg und beobachtete die Tänzer, die jetzt langsam zum Ende ihrer Darbietung kamen. Kleiner Fuchs grinste gutmütig.

„Blauhaar ist ein hübsches Mädchen", bemerkte er

beiläufig.

„Auch wenn ich nicht verstehen kann, was sie ausgerechnet an dir findet."

Schneller Pfeil spürte, wie ihm die Wärme ins Gesicht schoss, aber das war am Lagerfeuer zum Glück nicht zu erkennen. Er stieß dem Freund beiläufig in die Rippen und versuchte dann, einen weiteren Blick von Blauhaar zu erhaschen, als eine Gestalt vor ihn trat. Sitzender Bär schwankte etwas, doch er versuchte, es sich nicht anmerken zu lassen. Sein Hemd aus hellem, gegerbten Rehleder war auf einer Seite besudelt, was er jedoch nicht weiter beachtete. Jetzt hob er seine rechte Hand, deren Zeigefinger genau auf Schneller Pfeil gerichtet war. Erstaunt sah er zu dem Häuptling hoch.

„Dein Mustang. Gib ihn mir. Er soll ein Geschenk an unsere Freunde sein."

Sein Atem roch bitter und Schneller Pfeil wich unwillkürlich etwas zurück. Er war völlig überrascht und wusste nicht, was er sagen sollte. Seinen Schwarzen einfach so wegzugeben, kam für ihn überhaupt nicht in Frage. Seine Freunde neben ihm sahen genauso erstaunt aus wie er. Es war nicht Sache des Häuptlings, über den Besitz von anderen zu entscheiden. Dieses Recht hatte er nicht und so etwas war auch bisher nicht vorgekommen. Schneller Pfeil hatte das Gefühl, dass das Zauberwasser etwas damit zu tun haben könnte, denn Sitzender Bär benahm sich vollkommen anders als sonst. Jetzt hielt er ein Loblied auf seine Freunde, die von weither gereist waren, um ihn zu sehen. Das alles unterstrich er mit weitläufigen Gesten, welche nicht zu seiner sonst so besonnen Art passen wollten.

Schneller Pfeil tat so, als hätte er ihn nicht gehört, denn alles andere hätte sein Gegenüber wohl nur noch mehr verärgert. Er war völlig verunsichert und seinem Vater unendlich dankbar, welcher nun den Häuptling am Arm packte und ihn wieder zurück auf seinen Sitz zog. Dort bekam er von den Händlern eine weitere Schale gereicht und hatte sein Anliegen bereits wieder vergessen. Roter Hirsch kam danach zu seinem Sohn zurück und gab ihm ein Zeichen ihm zu folgen. Schneller Pfeil erhob sich sofort und ging ihm nachdenklich zum südlichen Dorfende hinterher. Er war immer noch durcheinander, aber gleichzeitig kam in ihm auch sein Trotz durch. Niemand hatte über seinen Mustang zu entscheiden und das sagte er seinem Vater auch. Der nickte.

„Ich weiß nicht, was in Sitzender Bär gefahren ist", begann er leise zu sprechen.

„Es mag der Flaschengeist sein, der nun aus ihm spricht." Schneller Pfeil wollte etwas erwidern, doch sein Vater bedeutete ihm mit einer Geste zu schweigen.

„Er hat kein Recht über dein Pony zu gebieten", stellte er klar und beruhigte seinen Sohn damit.

„Doch es wäre vielleicht klug, wenn weder du noch der Schwarze bis morgen auffindbar wären. Dann haben die Händler uns verlassen und Sitzender Bär wird wieder Herr seiner Sinne sein."

Schneller Pfeil sah überrascht auf. Er wusste nicht, wie er in diese Situation geraten war, aber eine Flucht kam ihm vor wie ein Schuldgeständnis. Wofür auch immer.

Roter Hirsch verstand, was in seinem Sohn vorging.

„Such die Schuld nicht bei dir. Komm einfach in zwei Tagen wieder. Bis dahin habe ich mit Sitzender Bär gesprochen."

Sein Sohn zögerte. Es widerstrebte ihm immer noch, aber er versuchte dieses Gefühl wegzuschieben. Er nickte seinem Vater zu, der ihm erleichtert seine Hand auf die Schulter legte.

Schneller Pfeil entfernte sich langsam vom Lärm des Festes. Seine Beine fühlten sich merkwürdig schwer an und er spürte die Kühle der Nacht jetzt deutlicher. Die Helligkeit des Feuers blieb hinter ihm zurück und warf gespenstische Schatten zwischen die Tipis. Er hatte es nicht eilig. Niemand wusste, dass er sich heimlich davonmachte und er selbst hatte ja nicht einmal eine Vorstellung davon, wohin er reiten sollte. Das Dorf war an dieser Stelle wie ausgestorben, da sich alle beim Abschiedsfest versammelt hatten. Plötzlich warnte ihn sein Instinkt und er legte ohne darüber nachzudenken die Hand an sein Messer. Etwas in seinem Kopf schlug Alarm und er duckte sich in den tiefen Schatten eines Tipis. Jetzt vernahm er auch den leisen Gang eines Menschen. Zögerlich und sorgfältig darauf bedacht, nicht entdeckt zu werden. Die Schritte kamen näher. Sein Atem malte kleine Wolken in die Abendluft, doch das konnte der andere im Dunkel der Nacht nicht erkennen. Jetzt war ein deutlicher Umriss zu sehen, der sich scharf von dem helleren Hintergrund abhob.

Der Schatten kam direkt auf ihn zu und hielt kaum mehr als ein paar Schritte vor ihm an.

„Schneller Pfeil?"

Ihm fiel ein Stein vom Herzen, als er die Stimme von Kleiner Fuchs erkannte. Vor Erleichterung vergaß er fast zu antworten, so dass sein Freund noch einen Schritt dichter trat.

„Ich bin es. Sei nicht so laut."

Kleiner Fuchs war seine Unsicherheit deutlich anzuhören.

„Was ist denn los? Hat unser Häuptling wirklich deinen Mustang haben wollen?"

Schneller Pfeil zuckte hilflos die Schultern, was man im Dunkeln aber nicht sehen konnte.

„Mein Vater sagt, es liegt an dem scharfen Wasser. Es vernebelt die Sinne und man ist nicht mehr derselbe."

Kleiner Fuchs konnte damit nicht viel anfangen. Die Comanchen kannten zwar auch berauschende Mittel. Aber diese bestanden aus Pilzen und waren in der Wirkung deutlich schwächer. Dieses scharfe Wasser hingegen wirkte unheimlich stark und stellte einen Zauber dar, der ihnen Angst machte.

Schneller Pfeil räusperte sich vernehmlich.

„Mein Vater hat mir geraten, für zwei Tage das Dorf zu meiden. Dann sind die Händler weg und das Wasser hat seine Kraft verloren."

Für Kleiner Fuchs stand sein Entschluss sofort fest.

„Dann komme ich mit dir."

Diese Worte kamen wie selbstverständlich über seine Lippen und sein Freund wusste vor Dankbarkeit nichts zu erwidern.

Schweigend gingen sie an dem Wächter der Herde vorbei. Sie wurden zwar erstaunt angesehen, aber niemand würde auf die Idee kommen sie aufzuhalten. Hinter ihnen hörten sie plötzlich Schritte, die sich eilig näherten, und Schneller Pfeil spürte, wie sich seine Schultermuskulatur versteifte.

„Ich dachte schon, ich hole euch nicht mehr ein."
Schneller Pfeil erkannte Dachshaar erst jetzt. Er ließ die angestaute Luft entweichen und hörte neben sich Kleiner Fuchs belustigt schniefen.

„Wir sollten losreiten, bevor noch das halbe Dorf mitkommen will."

„Wo wollen wir überhaupt hin?", fragte Dachshaar neugierig. Schneller Pfeil wollte ihm gerade sagen, dass er selbst keine Ahnung hatte, aber Kleiner Fuchs kam ihm zuvor.

„Heute scheint dein Glückstag zu sein. Du darfst nämlich bestimmen, wo es hingeht."

Dachshaar war viel zu irritiert, um darauf zu antworten, und holte schweigend sein Pony.

10. Der Angriff

Sie ritten Richtung Norden. Es dämmerte bereits, als sie sich an einem kleinen Wasserloch einen Lagerplatz suchten. Schneller Pfeil wurde erst durch seinen Mustang geweckt, der ihn vorsichtig mit seinem Kopf anstieß. Es war längst heller Tag, aber sie hatten ohnehin nichts Wichtiges vor und deshalb keine Eile.

Seine beiden Freunde wurden im selben Moment wach wie er und brauchten einen Augenblick, um sich an alles zu erinnern. Sie fühlten sich noch seltsam befangen und sprachen nur das Nötigste.

Sie behielten die Richtung bei und je weiter sie sich von ihrem Dorf entfernten, desto besser fühlten sie sich. Es war eine erstaunliche Wandlung, die sie alle gleichzeitig verspürten. Kleiner Fuchs trieb nach einem Seitenblick plötzlich seinen Hengst an und preschte mit einem schrillen Ruf an ihnen vorbei. Schneller Pfeil und Dachshaar sahen sich überrascht an und dann folgten sie ihm. Der Bann war gebrochen. Mit lauten Schreien flogen sie förmlich über die Prärie. Ihre Haare flatterten im Wind und alle Sorgen und Zweifel waren wie weggewischt. Schneller Pfeil schmiegte sich an seinen Mustang und genoss das fast schwerelose Gefühl. Der Schwarze erkannte, worum es ging, und ließ sich nicht lange bitten. Mit jeder Sekunde verkürzte sich der Abstand und dann ließ er Dachshaar einfach hinter sich. Schneller Pfeil konnte nicht genug davon bekommen und sein Mustang schien schon viel zu lange auf eine solche Möglichkeit gewartet zu haben. Er wurde erst langsamer, als sich das Gelände vor ihnen änderte und die Löcher der Präriehunde zur Vorsicht mahnten. Die bisher vollkommen ebene Prärie wurde jetzt welliger und ging in weit gezogene Anhöhen über, die immer wieder von kleinen Tälern durchsetzt waren. In diesem Gelände konnte man sich schnell verlieren. Schneller Pfeil sah sich um und konnte seine Freunde nur noch als kleine Punkte am Horizont ausmachen. Er lächelte glücklich vor sich hin und klopfte dem Schwarzen anerkennend auf den Hals. Schließlich schien der nicht nur etwas schneller, sondern vor allem auch ausdauernder zu sein als die anderen Mustangs. Sein Renner schüttelte daraufhin seinen Kopf, als wollte er andeuten, dass er noch viel schneller und länger hätte laufen können. Schneller Pfeil wartete auf seine Freunde, die ohne Eile näher kamen.

„Meinem Hengst muss etwas ins Auge geflogen sein", begrüßte ihn Kleiner Fuchs. „Er ist bestimmt eine halbe Meile in die falsche Richtung gelaufen."

Dachshaar lächelte breit. „Und ich musste dann natürlich hinter ihm her, um ihn wieder zurückzuholen. Wahrscheinlich wären wir sonst vor dir hier gewesen."

Schneller Pfeil grinste wissend. Das war die Art seiner Freunde, die Geschwindigkeit seines Mustangs zu loben, und er genoss es.

„Wir sollten zusehen, dass wir bald etwas in den Bauch bekommen. Wir sind so schnell aufgebrochen, dass ich daran nicht gedacht habe." Dachshaar schüttelte unbekümmert den Kopf.

„Ich genauso wenig. Aber in diesem Gelände sollte es nicht allzu schwierig werden, etwas vor die Bögen zu bekommen." Er musterte kurz den Stand der Sonne. Es war Mittag und die Sonne brannte mit beachtlicher Kraft auf sie herab. „Wir sollten uns einen Lagerplatz suchen und dann gehen wir auf die Jagd." Damit sprach er allen aus dem Herzen und so ritten sie weiter.

Auf den flachen Hügeln waren hin und wieder verkrüppelte Fichten zu sehen, deren Stämme vom Sturm gebeugt waren. Wohin man sehen konnte, gab es nichts als Gras und hinter jeder Anhöhe erschien das gleiche Bild. Die Landschaft erweckte das Gefühl endlos zu sein, doch die jungen Krieger fanden sich mühelos in ihr zurecht. Am Nachmittag erreichten sie einen Nebenfluss des Canadian River und suchten sich eine Stelle zum Lagern. Hier gab es deutlich mehr Kleinwild, denn der Fluss sorgte für ein höheres Pflanzenaufkommen, was wiederum als Nahrungsquelle für viele Tiere diente. Es gab Spuren von Hasen, Antilopen und sogar von einem Bären. Auf der anderen Flussseite konnten sie einen Hirsch beim Äsen beobachten, aber das Tier war für ihre Bedürfnisse zu groß, denn sein Fleisch könnte sie einen Monat ernähren. Kleiner Fuchs entdeckte einen kaum wahrnehmbaren Wildpfad, der vielversprechend aussah. Sie würden hier nicht hungern müssen. Der Canadian River bildete so etwas wie eine natürliche Grenze nach Norden. Dahinter begannen die Jagdgründe der Kiowas. Auch wenn sie mit ihnen befreundet waren, wollten sie nicht über den Fluss auf ihr Gebiet vordringen. Ihre Absprachen hielten schon seit vielen Jahren und es gab keinen Grund sie zu gefährden. Die Kiowas kämpften vor allem gegen ihre gemeinsamen Feinde, die Arapahos. Schneller Pfeil wusste nicht genau, worum es dabei eigentlich ging. Die Feindseligkeiten währten dafür schon zu lange, bestimmt seit der Zeit ihrer Vorväter. Wahrscheinlich ging es um die Größe der Jagdreviere. Niemand duldete die Jäger eines anderen Stammes in seinem Revier und da diese Gebiete keine klaren Grenzen hatten und sich Büffelherden selbst dann nicht daran halten würden, kam es immer wieder zu Streitigkeiten. Die Comanchen waren daran genauso beteiligt, wusste Schneller Pfeil, denn es galt als ehrenvoll, gegen andere

Stämme in den Kampf zu ziehen. Nicht ohne Grund nahmen die jungen Krieger Entfernungen von Hunderten von Kilometern in Kauf, nur um einen Feind zu überfallen und Beute zu machen.

Hier hatten sie selbst davon allerdings kaum etwas zu befürchten, denn die große Prärie war ihr bester Schutz. In dieser scheinbaren Unendlichkeit konnte man sich zwar fast ungehindert bewegen, aber man tat besser daran, stets zu wissen wo man war.

Kleiner Fuchs hob die Hand und hielt jetzt seinen Mustang an. Er war am weitesten links geritten und hatte den Boden beständig nach Spuren abgesucht. Jetzt hatte er etwas gefunden und seine Freunde schlossen zu ihm auf. Vor ihnen war der Boden von zierlichen Hufen gezeichnet.

„Eine Antilopenherde", freute sich Dachshaar. „Es gibt nicht viel, was ich lieber esse."

„Und ich dachte, dass Hund immer noch zu deinen Leibgerichten zählt." Schneller Pfeil trieb seinen Schwarzen an, der mit einem eleganten Satz vorwärts ging.

Kleiner Fuchs lachte. Es gab wohl Stämme in der Prärie, denen man so etwas nachsagte, aber die Comanchen hatten dafür nur Verachtung übrig. Da sie selbst reichlich Büffel als Hauptnahrungsquelle hatten, war es für sie undenkbar, auf ihre Hunde zurückzugreifen.

Dachshaar verzog nur angewidert das Gesicht. „Ich könnte nie meinen Hund essen", sagte er entrüstet. „Lieber würde ich hungern."

Er schloss zu Schneller Pfeil auf, der seinen Schwarzen

plötzlich zügelte.

„Könntest du das?", fragte er ihn.

Schneller Pfeil antwortete nicht. Er sah starr vor sich, wo in ungefähr fünfzig Metern Entfernung eine weitere Spur die ihre kreuzte. Doch diese Fährte war tiefer und konnte unmöglich von einer Herde Antilopen stammen. Schneller Pfeil gab dem Schwarzen ein Zeichen weiter zu gehen. Sie waren mittlerweile gut aufeinander eingespielt und verstanden sich ohne Worte. Kleiner Fuchs, der ihr Zögern bemerkt hatte, schloss zu ihnen auf und sie sahen gespannt auf den Boden. Hier waren Mustangs geritten. Schneller Pfeil sah sofort, dass es keine wilde Mustangherde gewesen sein konnte, denn dafür waren die Spuren zu tief.

„Was machen Kiowas in unserem Jagdrevier? Selbst wenn sie es auf Büffel abgesehen haben, sind es bis zur großen Jagd noch volle zwei Monde." Kleiner Fuchs zog seine Stirn kraus, wie er es häufig machte, wenn er über ein schwieriges Problem nachdachte. Schneller Pfeil musste ihm Recht geben. Die Büffel wurden zwar immer gejagt, denn keiner lehnte frisches Fleisch ab, doch das hier waren zu viele Krieger für diese Jahreszeit. Büffel jagte man vor allem im Herbst, wenn die Tiere sich im Sommer Fett angefressen und sich ein Winterfell zugelegt hatten. Dieses dichte Fell schützte einen in der kalten Jahreszeit und gab die beste Kleidung ab.

Etwas anderes machte ihm Sorgen. Büffelherden wurden durch Späher entdeckt, die dann die Jäger nachholten. Diese ritten anschließend auf dem kürzesten Weg zu der Herde und das war auch richtig so. Doch in der Richtung, in die die breite Spur führte, gab es keine Büffel.

Sie selbst kamen von dort und würde es dort welche geben, hätten sie sie entdecken müssen. Büffelherden waren kilometerlang und wirbelten Wolken von Staub auf. Die gewaltige Anzahl der mächtigen Tiere brachte den Boden zum Dröhnen und war noch in der Ferne zu hören.

Schneller Pfeil strich gedankenverloren über seinen Mustang, der ungeduldig den Kopf nach hinten warf. Er wollte laufen und weiterrennen, doch sein Reiter hatte dafür kein Ohr. Plötzlich zuckte er erschrocken zusammen. Er weigerte sich, den Gedanken weiter zu verfolgen, doch dieser ließ sich nicht mehr verdrängen.

„Vielleicht sind es keine Büffel, die sie suchen", sagte er mit zögernder Stimme.

Er sah seine beiden Freunde abwechselnd an, bevor er ernst fortfuhr. „Vielleicht sind es auch keine Kiowas, die diese Spuren hier hinterlassen haben."

„Von wem sollte diese Fährte denn sonst stammen, wenn nicht von Kiowas auf der Suche nach Büffeln?"

Kleiner Fuchs sah seinen Freund forschend an und so langsam dämmerte es ihm.

„Sie reiten genau nach Süden. Dort gibt es aber keine Büffel, denn wir hätten sie sonst gesehen. Es gibt aber etwas anderes in dieser Richtung."

Er sah Schneller Pfeil an, um zu sehen, ob er richtig lag. „Unser Dorf liegt dort."

Dieser nickte. „Und vielleicht sitzen auf diesen Mustangs keine Kiowas, sondern unsere alten Feinde die Arapahos."

Er verstummte und sah zu, wie Dachshaar seinen Mund

öffnete und wieder schloss.

„Das würden sie nicht wagen", brachte er schließlich hervor, doch Schneller Pfeil war sich da nicht so sicher. Die Prärie war in ihrer Ausdehnung gewaltig und wurde nur von ein paar umherstreifenden Stämmen bewohnt. Deshalb war das Gebiet der Kiowas zwar eine Pufferzone, aber kein absolut sicherer Schutz gegen diese Gegner. Forschend ließ er seine Augen über die Spur gleiten. Es mussten mindestens fünfzig Krieger gewesen sein, die hier entlang gezogen waren. Ihre Ponys ritten genau nach Süden und sie waren nicht weit genug von ihrem Dorf entfernt, um diese Möglichkeit einfach abzutun.

Kleiner Fuchs mochte zu der gleichen Erkenntnis gelangt sein.

„Unsere jungen Krieger sind alle auf dem Kriegspfad nach Mexiko davon gezogen. Wir werden nicht mehr als dreißig oder vierzig Männer aufbringen können."

Seine Stimme klang ruhig, doch Schneller Pfeil hörte die Unruhe aus ihr heraus.

„Und sie werden überraschend angreifen", fügte Dachshaar hinzu, der erst jetzt langsam begriff, was das für sie bedeutete.

Schneller Pfeil schüttete den Kopf. „Die Überraschung werden wir ihnen verderben."

Er klang sicherer, als er sich wirklich fühlte, und seine Freunde sahen ihn neugierig an.

Er konnte noch nicht sagen, was sie tun würden, aber was immer es auch war, es würde schnell geschehen müssen.

„Wann sind sie hier vorbeigeritten, was meint ihr?"

Dachshaar beugte sich etwas tiefer herab.

„Vor einer, höchstens zwei Stunden", lautete schließlich sein Urteil.

Kleiner Fuchs nickte betroffen.

„Wir haben sie knapp verfehlt", stellte er fest. Er wollte sich lieber nicht ausmalen, was dann passiert wäre. „Die entscheidende Frage lautet jetzt, was tun wir?"

Er sah seine Freunde unruhig an. Schneller Pfeil hatte seine Unterlippe zwischen die Zähne genommen und dachte nach. Zu dritt blieben ihnen nicht allzu viele Möglichkeiten.

„Einer von uns muss ins Dorf zurückreiten und die anderen warnen. Sie sollen sich auf einen Angriff vorbereiten."

Dachshaar nickte. „Das mache ich."

Schneller Pfeil sah angestrengt nach Süden, so als könne er die Reiter dort noch am Horizont ausmachen.

„Sag ihnen, sie sollen sich vorbereiten, aber sie sollen nicht zeigen, dass sie von der Gefahr wissen."

Dachshaar schaute ihn unsicher an, doch dann verstand er.

„Du willst sie täuschen?"

Schneller Pfeil nickte.

„Sie werden erst im Morgengrauen angreifen, aber sie sollen glauben, dass sie uns unvorbereitet treffen."

Kleiner Fuchs zuckte hilflos mit den Schultern.

„Die meisten unserer Krieger sind auf dem Kriegspfad. Auch wenn wir von der Gefahr wissen, können wir nicht viel dagegen tun."

Schneller Pfeil machte eine wegwerfende Handbewegung.

Sein Mustang tänzelte ungeduldig und diese Energie schien sich auf ihn zu übertragen.

„Wir sind nicht wehrlos. Wir sind noch stark genug, um uns gegen sie zu behaupten."

Kleiner Fuchs wirkte nicht wirklich überzeugt, aber er stellte die Behauptung nicht in Frage. Er wollte den Optimismus seines Freundes nicht dämpfen, denn er spürte, wie gut er ihm tat.

Schneller Pfeil nickte Dachshaar aufmunternd zu.

„Reite los und lass dich nicht von ihnen sehen. Am besten schlägst du einen Bogen nach Osten."

Er sah wie Dachshaar abwinkte.

„Schon klar. Ich weiß Bescheid."

Er sah seine beiden Freunde noch einmal an.

„Passt auf euch auf und macht keine Dummheiten."

Kleiner Fuchs lächelte lustlos.

„Mach dir keine Sorgen um uns. Sieh nur zu, dass du das Dorf erreichst."

Dachshaar winkte ihnen beim Losreiten kurz zu und dann jagte er davon.

Kleiner Fuchs sah ihm nach, bis er als kleiner Punkt in der Ferne verschwand. Dann blickte er zu seinem Freund, der ganz in sich gekehrt war.

„Falls du einen Vorschlag hast, wäre jetzt wohl der richtige Zeitpunkt."

Schneller Pfeil zog geräuschvoll die Nase hoch und spuckte dann auf die Abdrücke im Gras.

„Wir werden ihnen folgen und herausfinden, was sie vorhaben."

Kleiner Fuchs nickte resigniert. Irgendwie hatte er diese

Antwort befürchtet.

Er machte mit der Hand eine einladende Geste und Schneller Pfeil ließ seinen Mustang im Schritttempo antraben. Sie hatten es nicht mehr eilig.

Dachshaar ließ seinen Mustang so schnell laufen, wie er konnte. Sein wachsamer Blick glitt dabei immer wieder in die Richtung herüber, in der er den Gegner vermutete. Es war ein merkwürdiges Gefühl, jeden Moment mit seiner Entdeckung zu rechnen. Aber er sagte sich, dass ihn hier niemand erwarten und deshalb auch kaum finden würde. Es kam nun vor allem darauf an, den Häuptling und die erfahrenen Krieger zu benachrichtigen. Diese würden dann schon einen Weg finden, da war er ganz sicher. Kurz schweiften seine Gedanken auch wieder zu seinen zurückgebliebenen Freunden ab. Er hoffte nur, dass ihnen nichts passierte, aber dann konzentrierte er sich wieder auf das Gelände und jagte auf seinem Mustang verbissen dahin.

Schneller Pfeil spähte angestrengt voraus. Die Prärie zog sich bis zum Horizont und wurde immer wieder durch sanfte Erhebungen und flache Täler durchzogen. Wie leicht konnten sie dadurch überraschend auf ihre Feinde treffen. Er ließ seinen Schwarzen langsam gehen, denn er wollte ihre Pferde ausgeruht wissen. Immer wieder sah er misstrauisch über eine Bodenfalte hinweg und war jedes Mal erleichtert, dahinter nichts als das unendliche Grün zu sehen. Sein Mustang spürte seine Erregung und ließ die Ohren unruhig kreisen. Er wäre gerne galoppiert, doch sein Reiter hielt ihn jedes Mal zurück. Das verwirrte ihn, doch er fügte sich.

Die Spuren zogen wie ein Pfeil geradlinig Richtung Süden. Ob durch Zufall oder weil Späher den genauen Standort ihres Dorfes vorausgesagt hatten, wusste Schneller Pfeil nicht. Im Unterbewusstsein verspürte er die Angst, zu spät zu kommen, und er zog deshalb das Tempo etwas an. Die Arapahos, wenn es denn welche waren, bewegten sich vorsichtig. Sie hatten Späher vorausgeschickt, die ihre Flanken sicherten und wohl andere Indianer rechtzeitig melden sollten. Schneller Pfeil sah ihre Hufabdrücke auf den vereinzelten Anhöhen, die einen guten Überblick über die sonst recht flache Ebene versprachen. Die Spuren zeigten, dass sie ihnen immer dichter kamen. Ein Pferdeapfel war noch warm und es hatten sich noch keine Vögel darüber hergemacht.

Schneller Pfeil bewegte sich jetzt noch vorsichtiger. Wenn sie gesehen wurden, war alles umsonst, und sie konnten froh sein, mit heiler Haut davon zu kommen. Da sie direkt nach Süden ritten, blendete sie die schräg stehende Sonne und sie kniffen die Augen zusammen, um genug sehen zu können. Bis zum Sonnenuntergang waren es noch fast zwei Stunden und Schneller Pfeil lenkte seinen Mustang missmutig in eine Senke hinein. Es machte keinen Sinn weiterzureiten, da sie in diesem Licht viel zu leicht zu erkennen waren, und das konnten sie nicht riskieren.

Kleiner Fuchs stieg ab und setzte sich an den Hang. Er war selbst unruhig und konnte seinen Freund verstehen, der ruhelos auf und abwanderte.

„Hoffentlich ist Dachshaar zum Dorf durchgekommen",

meinte er schließlich halblaut, so als hätte er Sorge, dass seine Stimme zu weit tragen würde. Kleiner Fuchs hatte auch gerade an ihren Freund gedacht und nickte stumm. Andererseits würden sie ja hoffentlich heute Nacht auf die Reitergruppe treffen und mehr erfahren. Es war also wenig sinnvoll, sich vorher zu viele Gedanken zu machen.

„Was willst du eigentlich machen, wenn wir auf sie treffen? Wir sind schließlich nur zu zweit."

Schneller Pfeil verzog nur kurz sein Gesicht, als würde es darauf nur eine Antwort geben.

„Sie aufhalten natürlich, was denn sonst?"

Er stieg ab und setzte sich ebenfalls auf den leichten Hang.

Sein Mustang rupfte ein paar Grashalme ab, blieb aber in der Mulde. Hier waren sie vor neugierigen Blicken zumindest geschützt und konnten sich frei bewegen. Schneller Pfeil zog seine Flöte hervor und begann zu spielen, woraufhin der Schwarze die Ohren spitzte und seine Nähe suchte.

Kleiner Fuchs sah sorgenvoll zum Himmel empor. Er fragte sich, ob die Ruhe seines Freundes nur gespielt war. Er hatte sie auf jeden Fall nicht, doch er bemühte sich, das nicht offen zu zeigen.

Irgendwann, nach einer gefühlten Ewigkeit, brach die Abenddämmerung herein. Die Sonne schien nun unmittelbar über dem Horizont zu stehen und mit jeder Sekunde deutlich tiefer zu sinken. Schneller Pfeil ritt wieder voran und Kleiner Fuchs folgte ihm. Die Hitze des Tages wich einer belebenen Kühle und ihre Pferde griffen kräftig aus, ohne dass sie einer Ermunterung bedurften.

Jetzt galt es, die Zeitspanne bis zur völligen Finsternis zu nutzen, und Schneller Pfeil ließ seinem Mustang seinen Willen. Nur wenn sie sich einer Bodenfalte näherten, schoben sie sich vorsichtig über ihren höchsten Punkt hinweg. Die Spur war auch in der Dämmerung nicht zu verfehlen und sie würden ihr auch in der Nacht folgen können. Die Sonne war nun verschwunden, um Kraft für den nächsten Tag zu sammeln, und schickte ihre letzten Strahlen über sie hinweg, ohne sie mehr zu erreichen.

Schneller Pfeil hatte Sorge, dass ihr Hufschlag gehört werden könnte, doch dieses Risiko mussten sie eingehen. Sie hatten jetzt schon einige Kilometer zurückgelegt und der Schwarze liebte die Bewegung. Schneller Pfeil genoss das fast schwerelose Gefühl, während vor ihnen erneut ein kleines Plateau auftauchte. Der Schwarze warf jetzt den Kopf nach hinten und schnaubte erregt.
Der Wind stand günstig für sie, denn er kam ihnen fast genau entgegen. Er wäre ein Narr, diese Warnung zu ignorieren. Kleiner Fuchs hatte die Botschaft ebenfalls verstanden und hielt neben ihm an. Stumm verständigten sie sich. Dann nahmen sie ihre Pferde am Zügel und näherten sich zu Fuß. Wenn man sie entdeckte, wollten sie zumindest die Möglichkeit zur Flucht haben. Am Fuß der leichten Anhöhe ließen sie die Pferde zurück und schlichen weiter. Sie duckten sich dabei, um ein möglichst kleines Ziel abzugeben. Es war ein komisches Gefühl, einfach auf eine mögliche Gefahr zuzulaufen. Der Grasboden dämpfte ihre ohnehin kaum wahrnehmbaren Schritte und sie bewegten sich lautlos wie Geister.

Mittlerweile war es Nacht und eine tiefe Dunkelheit umgab sie.

Schneller Pfeil ließ sich vor der Kuppe der Anhöhe zu Boden sinken und schob sich Stück für Stück näher heran. Bisher wies nicht das kleinste Zeichen auf die Anwesenheit anderer Menschen hin. Sein Atem ging durch die Anstrengung schneller und er spürte sein Herz klopfen. Unendlich behutsam hob er den Kopf, um über die flache Kuppe zu schauen. Dann spürte er mehr eine Bewegung als dass er sie sah und ließ sich sofort zurücksinken. Neben ihm, am anderen Ende der flachen Kuppe, bewegte sich ein Schatten. Er war völlig lautlos, doch Schneller Pfeil war sich sicher, dass er sich nicht getäuscht hatte.

Jetzt schlug sein Herz bis zum Hals. Hatte der andere ihn gesehen? Er wartete und die Sekunden dehnten sich endlos. Endlich war er sich sicher, unentdeckt geblieben zu sein, und schob sich wieder etwas vor. Diesmal war da kein Schatten und er spähte tiefer in die flache Mulde hinein. Seine Augen hatten sich nun an die Dunkelheit gewöhnt. Er sah eine ganze Anzahl von Gestalten vor sich, die nebeneinander kauerten. Sie waren vorsichtig. Sie sprachen nicht laut miteinander und hatten natürlich auch kein Feuer angezündet, dessen Flammen oder Rauch sie verraten konnte. Schneller Pfeil konnte gegen den etwas helleren Himmel mehrere Umrisse von Kriegern erkennen, die nach Süden hin Ausschau hielten. Nach Norden, aus der Richtung aus der sie gekommen waren, sicherte nur einer, der jetzt unterhalb der Kuppe nach links aus seinem Blickfeld verschwand.

Schneller Pfeil schob sich langsam wieder zurück, wobei er sorgfältig darauf achtete, dass er seinen Kopf unten behielt. Dann sah er sich nach seinem Freund um und konnte ihn am Fuß des Hangs unweit der Mustangs ausmachen. Langsam bewegte er sich auf ihn zu und glitt schließlich neben ihn.

Kleiner Fuchs sah ihn fragend an, fragte aber klugerweise nichts. Jedes gesprochene Wort konnte sie schließlich verraten und zu ihrer Entdeckung führen.

Schneller Pfeil atmete ein paar Mal tief durch und brachte seinen Mund dann an das Ohr seines Freundes. Der sah ihn überrascht an und wollte etwas erwidern, aber dann schloss er seinen Mund wieder. Sie waren Comanchen. Die Krieger mit dem wildesten Ruf in der Prärie und das hier war ihr Gebiet. Außerdem hatten sie die Verpflichtung, ihren Stamm zu retten.

Er nickte kurz entschlossen und fühlte so etwas wie Trotz in sich hochsteigen. Schneller Pfeil sah seinen Freund an, dessen Gesicht in der Dunkelheit wie eine starre Maske wirkte. Dann drehte er sich um und Kleiner Fuchs folgte ihm. Der Schwarze schien ihre Anspannung zu spüren, denn er wirkte nervös. Schneller Pfeil strich ihm zur Beruhigung über die Nüstern und nahm ihn dann am Zügel.

Sie saßen nicht auf, denn die Hufschläge würden laut durch die Nacht hallen. Der Wind kam immer noch aus Süden und war auch in den letzten Stunden nicht merklich abgeflacht. Das mochte ihnen helfen, denn so drangen ihre Geräusche vielleicht nicht allzu weit.

Schneller Pfeil führte sie nach Norden und nach einer

Weile schlugen sie einen Bogen nach Westen. Von dieser Seite aus war die Anhöhe deutlich flacher. Trotzdem würde jeder, der von dort zu ihnen sah, sie auf dem dunklen Untergrund nur sehr schwer ausmachen können. Schneller Pfeil streichelte jetzt unaufhörlich seinen Mustang, der vor Anspannung fast zu vibrieren schien. Sie konnten ihren Tieren nichts vormachen. Die Gefahr lag in der Luft und sie hielten geradewegs auf sie zu. Falls etwas schief ging, würde ihnen niemand helfen können, das war ihnen beiden klar. Sie mussten sich völlig auf sich selbst und ihr Glück verlassen.

11. Das Geisterpferd

Sie näherten sich der Anhöhe quälend langsam, aber doch unaufhaltsam. Die Nacht war zu dunkel, um etwas erkennen zu können, und Schneller Pfeil baute darauf, dass es ihren Gegnern genauso ging. Kein Kopf schaute über die Kuppe in ihre Richtung und so langsam ließ seine Anspannung nach. Er konnte es nicht genau beschreiben, aber in seinem Bauch breitete sich langsam ein warmes Gefühl aus und nahm von ihm Besitz. Er hatte sich den Kopf nach einer Lösung zerbrochen, doch es war ihm nichts anderes eingefallen und jetzt wollte er es einfach nur noch hinter sich bringen. Es waren nur noch hundert Meter bis zur Kuppe, auch wenn die Entfernung in der Nacht leicht täuschen konnte. Schneller Pfeil gab seine gebeugte Haltung auf und ging aufrecht weiter. Er spürte erneut Trotz in sich aufwallen und nahm sein Kinn hoch. Was immer dort in der Senke hinter der Anhöhe auf sie warten würde, sie würden es jetzt herausfinden.

Schneller Pfeil blieb nun stehen und atmete tief ein. Die kalte Nachtluft belebte ihn und gab ihm Kraft. Kleiner Fuchs sah flüchtig zur Anhöhe hinauf, auf der sich immer noch nichts regte. Dann wanderte sein Blick zu seinem Freund zurück, der merkwürdig abwesend wirkte. Jetzt spürte er den Blick und für einen Moment sahen sie sich wortlos in die Augen. Schneller Pfeil war seinem Freund dankbar, denn allein hätte er vielleicht nicht den Mut gehabt weiterzugehen. Er hatte den Verdacht, dass es Kleiner Fuchs genauso ging, und deshalb zögerte er nicht länger. Er streichelte seinem Schwarzen über den Kopf und spürte seine Wärme an der Hand. Die braunen Augen sahen ihn vertrauensvoll an und dann saß er auf. Für einen kurzen Augenblick sammelte er all seine Kraft und spürte seinen Mustang unter sich vor Anspannung zittern. Er drückte ihm die Fersen in die Seite und der Schwarze schnellte davon, wie ein Pfeil, den der Bogen freigegeben hatte. Sie überwanden die kurze Distanz innerhalb von wenigen Sekunden und dann ertönte der schrille Kriegsruf der Comanchen durch die Nacht.

Die Krieger der Arapahos kauerten in der Mulde in Gruppen zusammen oder hatten sich in Decken gehüllt zum Schlafen niedergelegt. Sie wollten im Morgengrauen angreifen und bis dahin war es noch etwas hin. Jetzt fuhren die Männer hoch und sahen sich völlig überrascht um. Die Gestalten hatten ihre Gesichter mit der schwarzen Farbe des Todes bemalt und in ihren verzerrten Mienen stand nun die nackte Panik. Sie waren Krieger und mutig tief in feindliches Gebiet vorgedrungen, aber nun war es der Feind, der sie plötzlich überfiel, und das verstanden sie einfach nicht.

Schneller Pfeil trieb seinen Hengst mitten in die Mulde hinein. Sein eigener Schrei gellte ihm laut in den Ohren und neben ihm brüllte Kleiner Fuchs, als wäre eine ganze Horde im Anmarsch. Sein schwarzer Mustang war nur als dunkler Schatten wahrnehmbar und verschwand fast in der Nacht. Schneller Pfeil peitschte auf die Pferde der Arapahos ein. Er verteilte Hiebe nach allen Seiten und sein Hengst schien sein Vorhaben sofort zu begreifen, denn er biss um sich, als wäre er dem Wahnsinn verfallen. Dann stellte sich ihm ein anderes Tier in den Weg und er stieg hoch, um es mit seinen Hufen zu treffen. Der andere Mustang drehte sich weg und stürzte davon und plötzlich setzten sich die Tiere in Bewegung. Schneller Pfeil drang in die Gruppe hinein und riss sie mit sich. Diesem Wall aus kräftigen Leibern hatte niemand mehr etwas entgegenzusetzen. Die Arapahos sahen nur schwarze Schatten, die wie Geister durch die Nacht tobten und direkt aus einem Albtraum zu stammen schienen. Sie waren kaum zu einer Gegenwehr fähig und standen fast hilflos herum. Die Besten ihrer Krieger hatten sich jedoch schneller gefangen und reagierten bereits. Sie griffen nach den Mustangs, die an ihren vorbeijagten und versuchten sie zu beruhigen. Bei einigen gelang das tatsächlich. Andere schwangen sich auf den Pferderücken und ließen sich einfach hinaus in die Nacht tragen. Ohne ihre Mustangs wären sie tief im Feindesland ihren Gegnern ausgeliefert und deshalb kämpften sie um jedes Tier.

Ein Großteil der Ponys allerdings ließ sich von der Panik mitreißen und verteilte sich in der Dunkelheit. Schneller Pfeil ließ seinen Schwarzen laufen und zwanzig oder gar dreißig Tiere blieben bei ihnen. Kleiner Fuchs schloss jetzt zu ihm auf und seine weit aufgerissenen Augen leuchteten. Sie hatten aufgehört zu schreien und jagten jetzt schweigend dahin. Das Stampfen der Tiere hallte weit in die Nacht und zeigte den Kriegern der Arapahos ihre Richtung an.

Schneller Pfeil war jetzt deutlich leichter zumute. Bis hierhin hatte sein Plan funktioniert und darauf hatte er bis vor einigen Augenblicken nicht zu hoffen gewagt. Ihm war klar, dass die Krieger der Arapahos, welche einen Mustang beruhigen konnten, sich jetzt an die Verfolgung machen würden. Sie würden ihnen den Weg zum Dorf abschneiden und ihnen dann die Pferde wieder abjagen wollen. Aber erst einmal hatten sie einen guten Vorsprung gewonnen und den gedachte er zu nutzen. Ihre Spur war in der Dunkelheit zwar für geübte Fährtenleser immer noch zu finden, aber das würde Zeit in Anspruch nehmen. Ihr Dorf war nur ein paar Kilometer von ihnen entfernt, doch im Moment war es für sie unerreichbar. Dachshaar würde zwar mit Sorge nach Norden spähen und die Krieger würden ihre Waffen bereithalten. Doch helfen konnten sie ihnen von dort nicht, sie waren also immer noch völlig auf sich allein gestellt.

Er feuert seinen Mustang mit einem Ruf an, obwohl das

gar nicht nötig war. Sein Hengst sorgte dafür, dass die ihm überraschend zugefallene Herde zusammenblieb. Immer wenn eines der Tiere zur Seite ausbrechen wollte, wies er es in seine Schranken und trieb es zu den anderen zurück. Die kalte Nachtluft erfrischte Schneller Pfeil und er atmete sie tief ein. Kleiner Fuchs hatte jetzt zu ihm aufgeschlossen. Sein Gesicht wirkte angespannt, doch seine Augen leuchteten vor Freude. Das hier war ganz nach seinem Geschmack und für einen kurzen Moment grinsten sie sich verschwörerisch zu. Hinter ihnen erklangen jetzt Rufe in der Nacht und die Anspannung kehrte zurück. Die Krieger der Arapaho würden sie nicht ungestraft ziehen lassen. Wenn sie ihnen in die Hände fielen, war es um sie geschehen, da machten sie sich nichts vor.

Schneller Pfeil ließ seine Peitsche auf die Mustangs niederfahren und Kleiner Fuchs tat es ihm nach. Die Tiere erhöhten erneut ihre Geschwindigkeit und donnerten verschreckt in die Dunkelheit. Sie hatten sich wieder enger zusammengeschlossen und flogen nur so über die Prärie. Kleiner Fuchs sah wieder zu ihm hinüber und beide ließen sich etwas zurückfallen. Schneller Pfeil konnte seinen Hengst nur mit Mühe zurückhalten, denn der wollte unbedingt der Herde hinterherjagen. Sein Reiter sprach ihm gut zu und dann beruhigte sich der Schwarze wieder. Die beiden Freunde sahen zu, wie die Herde in der Nacht verschwand und bogen dann nach links ab. Die Arapahos würden sie im Osten und natürlich im Süden suchen, denn da lag ihr Dorf. Sie würden aber wohl kaum auf die Idee kommen, dass die beiden nach Norden ritten und sich so noch weiter von ihrem Dorf entfernten. Schneller Pfeil wollte die Lagerstelle der Krieger passieren und dann mit genügend Abstand Richtung Süden vorstoßen. Dort würde man sie wohl kaum suchen, zumal die meisten Krieger ihren Mustangs hinterherjagten. Schneller Pfeil ließ seinen Hengst jetzt langsamer laufen, denn nun kam es nicht mehr so sehr auf ihre Geschwindigkeit an, sondern vielmehr darauf, nicht von den feindlichen Kriegern gehört zu werden. Dem Schwarzen, dem die nächtliche Jagd sichtlich gefallen hatte, war das deutlich zu langsam und er schnaubte unwillig. Doch Schneller Pfeil klopfte ihm beruhigend auf den Hals und mahnte ihn zur Ruhe. Der Mond war jetzt immer wieder zwischen den Wolken zu sehen und durchdrang die Finsternis mit seinem hellen Schein. Das konnte ihnen nicht recht sein, denn dadurch waren sie schon auf größere Entfernungen zu erkennen und verloren etwas von ihrem Vorteil. Sie hörten ab und an die Rufe der Arapahos, die sich in der Dunkelheit verständigten, doch die Laute wurden leiser und bewegten sich von ihnen weg.

Gut so, dachte Schneller Pfeil. Sucht uns ruhig im Osten. Er grinste zufrieden.

Vielleicht würde man sich an den Feuern der Arapahos bald Geschichten über Geisterkrieger erzählen, die in der Nacht angriffen und dann im Nirgendwo verschwanden. Danach würde es wohl so schnell niemanden geben, der einen neuen Versuch wagen wollte, und das konnte ihnen nur recht sein. Sie waren jetzt weit genug nach Norden geritten und drehten nach Westen ein. Irgendwo links von ihnen musste die Mulde liegen, in welcher sie den Feind überrascht hatten. Sie ritten einen weiten Halbkreis um sie herum und als sie sich sicher glaubten, lenkten sie ihre Mustangs Richtung Süden. Schneller Pfeil achtete darauf, dass sie nicht genau auf ihr Dorf zuhielten, sondern sich in einem weiten Bogen von Westen näherten. Er wollte nicht den Fehler machen, ihre Gegner zu unterschätzen, und Kleiner Fuchs verließ sich wie immer ganz auf seinen Freund.

Mittlerweile war die Morgendämmerung angebrochen. Das fahle Licht verzerrte die Konturen und tauchte die Umgebung in ein diesiges Grau. Plötzlich hob der Schwarze seinen Kopf und lauschte. Seine Ohren spielten nervös und er scharrte leise mit dem rechten Huf. In der morgendlichen Stille trugen die Geräusche weit und Schneller Pfeil ließ eine Hand behutsam über das dunkle Fell seines Hengstes gleiten, um ihn zu beruhigen. Er sah sich misstrauisch um. Sie konnten nicht mehr weit von ihrem Dorf entfernt sein, aber er wollte kein Risiko eingehen. Wahrscheinlich hatten die Krieger seines Stammes sich schützend vor dem Dorf postiert, um jeden Angriff frühzeitig erkennen zu können. So hätte er es zumindest gemacht und diese Vorstellung beruhigte ihn. Er ließ seinen Mustang wieder angehen und behielt die Gegend genau im Auge. Kleiner Fuchs hatte nun zu ihm aufgeschlossen und blieb an seiner linken Seite.

Er war es auch, der die Schatten zuerst sah.

Sein Warnruf alarmierte Schneller Pfeil, der sein Pferd sofort zügelte. Es waren drei Krieger, die ihnen entgegenkamen, und sie ritten langsam. Das war ein gutes Zeichen, denn die Arapahos mussten ihre Mustangs jetzt wieder eingefangen haben und waren nach ihrem gescheiterten Angriff sicher schon geflohen. Jetzt kämpfte sich der erste zaghafte Sonnenstrahl durch das stumpfe Grau und tauchte die drei Männer in helles Licht.

Kleiner Fuchs ließ einen Laut der Überraschung hören und Schneller Pfeil konnte es ihm nachfühlen. Er hatte erwartet, Dachshaar mit einigen Kriegern ihres Stammes zu sehen, doch die Männer vor ihnen waren Arapahos, die jetzt ihre Mustangs antrieben.

Schneller Pfeil stieß einen ärgerlichen Laut aus und riss den Schwarzen herum. Kleiner Fuchs sah ihn verunsichert an und er glaubte für einen Moment Angst in den Augen seines Freundes zu erkennen. Schneller Pfeil schüttelte den Gedanken so schnell ab wie er gekommen war. Hinter ihnen erklangen jetzt anfeuernde Schreie und er nickte wütend. „Dann eben nicht."

Er hatte sich ihre Heimkehr anders vorgestellt und jetzt musste er erst einmal sehen, dass sie die Verfolger loswurden. Kleiner Fuchs trieb seinen Hengst an und der Schwarze folgte ihm wie ein Schatten. Sie hatten einen kleinen Vorsprung und den gedachte Schneller Pfeil auch zu behalten.

Er empfand keine Angst. Dafür hatte er gar keine Zeit und solange er noch auf seinem Pferd saß, würden sie ihn auch kaum kriegen. Zum Glück kannten sie sich in dieser Gegend bestens aus und hatten damit hoffentlich einen Vorteil vor ihren Gegnern.

Schneller Pfeil lenkte seinen Mustang weiter nach Westen

und Kleiner Fuchs folgte ihm sofort. Hier würden sie wohl kaum Gefahr laufen, auf die anderen Krieger zu treffen, und außerdem war die Gegend nicht völlig eben. Hier gab es wieder Anhöhen und Mulden und damit ein paar mehr Möglichkeiten, ihren Verfolgern zu entkommen.

Schneller Pfeil verlangsamte das Tempo jetzt unmerklich, denn er wollte ihre Verfolger etwas dichter an sie herankommen lassen. Kleiner Fuchs sah ihn zwar erstaunt an, tat es ihm aber nach, als ihm klar wurde, was sein Freund vorhatte. Vor ihnen tat sich in einigen hundert Metern Entfernung eine Senke auf, die in einem großen Bogen wieder Richtung Süden führte. Sie war tief genug, um einen Reiter zu verbergen, und jetzt ihre ganze Hoffnung. Hier hatten sie schon als Kinder gespielt und kannten jeden Grashalm. Ihre Verfolger hatten inzwischen etwas aufgeschlossen und feuerten sich gegenseitig an. Sie hatten jetzt die Comanchen vor sich, die ihren Plan von einem unbemerkten Überfall zerstört hatten, und dafür würden sie die beiden büßen lassen.

Schneller Pfeil war sehr erstaunt, dass sie sie hier überhaupt gefunden hatten. Es musste sich um erfahrene Krieger handeln, denn sie hatten seinen Plan wohl vorausgesehen und ihnen hier aufgelauert.

Sie tauchten jetzt in die Senke ein und folgten ihr in Richtung Süden. Schneller Pfeil ließ den Freund vorausreiten, denn der Langsamere sollte das Tempo bestimmen. Kaum waren sie nicht mehr von ihren Verfolgern zu sehen, trieben sie ihre Mustangs erneut an. Die langgezogene Senke bog mal nach rechts und dann wieder nach links ab und verbarg sie vor den feindlichen

Reitern. Die Wände zu ihren Seiten gestatteten keinen Blick in die Umgebung, doch Schneller Pfeil spürte einfach, dass jemand hinter ihnen war. Sein Mustang glitt förmlich dahin, doch es wirkte bei ihm so leicht, dass er sich sicher war, dass der Schwarze sich noch zurückhielt. Dafür keuchte der Hengst von Kleiner Fuchs nun schwer und ab und zu flogen weiße Flocken von seinem Maul.

Die schmale Senke wurde jetzt breiter und stieg dann zur offenen Prärie hin wieder etwas an. Wenn sie da oben waren, konnte sie niemand mehr aufhalten und Schneller Pfeil spürte, wie ihn ein Glücksgefühl durchflutete. Sie hatten heute ihre Feinde zwei Mal überlistet und waren bisher ohne einen Kratzer aus diesem Abenteuer herausgekommen.

Schneller Pfeil warf einen Blick über die Schulter und sah den ersten Reiter hinter ihnen auftauchen. Der Abstand zu ihm hatte sich deutlich vergrößert und sie sollten jetzt genug Vorsprung bis zu ihrem Dorf haben. Mit neuer Kraft ritten sie den Anhang hoch und ließen die Senke mit ihren Verfolgern hinter sich.

Plötzlich stieß Kleiner Fuchs einen Schrei aus und Schneller Pfeil sah nach Osten in die aufgehende Sonne, die sie mit ihren belebenden Strahlen blendete. Sie stand für ihn für die Hoffnung und das Leben und dann griff etwas Kaltes nach seinem Herzen.

Aus den ersten Sonnenstrahlen des Morgens tauchten nun zwei Schatten auf und Schneller Pfeil begriff, dass diese Sonne für den Tod stand. Er warf den Kopf über die Schulter zurück, dass es weh tat, und blickte in die Senke hinein. Er sah einen Reiter, der jetzt ebenfalls den Hang hinaufritt, aber es war eben nur ein Mann und da wusste er, dass sie ihre Gegner unterschätzt hatten.

Der Schrei von Kleiner Fuchs war eine Warnung gewesen und kein Siegesruf und er war ein Narr, dass er es nicht sofort bemerkt hatte.

Die beiden Arapahos waren nur noch wenige Dutzend Meter hinter ihnen und hielten mit voller Geschwindigkeit auf sie zu. Sein schwarzer Mustang würde ihnen trotzdem entkommen, da war sich Schneller Pfeil ganz sicher. Der Hengst von Kleiner Fuchs allerdings hatte nicht mehr viel zuzusetzen und da wusste er, dass sie verloren hatten. Er würde seinen Freund nicht allein zurücklassen und für einen Moment spürte er nichts als eine sinnlose Wut und eine grenzenlose Ohnmacht in sich.

Der Schwarze hatte den Kopf gehoben und seine Ohren tanzten nervös. Ihm hatte das Ganze bisher wenig ausgemacht und er wirkte noch erstaunlich frisch. Sein Reiter wollte ihn jetzt etwas von den Verfolgern weglenken, doch in diesem Moment ging ein spürbarer Ruck durch seine Gestalt und er versteifte sich. Er hatte soeben etwas wahrgenommen, das ihn unempfindlich gegen jede äußere Einflussnahme machte, und Schneller Pfeil versuchte umsonst, ihm eine andere Richtung vor zugeben.

Die Mustangs der beiden Arapahos waren von der Hetzjagd ebenfalls gezeichnet, denn sie keuchten schwer. Der erste von ihnen war ein kräftiger brauner Hengst, um dessen linkes Auge ein markanter weißer Fleck zu sehen war. Hinter ihm galoppierte ein Schecke, dessen Seiten mit dunklen Flecken übersät waren, so dass sie auf einer

Seite wie Dreck aussahen.

Der schwarze Mustang hatte seine Verfolger ungläubig beäugt und dann ein lautes Wiehern von sich gegeben.

Mit einer nicht nur für Schneller Pfeil völlig überraschenden Wendung drehte er sich plötzlich den beiden Verfolgern zu und jagte frontal auf sie zu. Schneller Pfeil wollte ihn daran hindern, doch er war zu überrascht und reagierte viel zu spät. Sein Mustang hätte ohnehin nicht mehr auf ihn gehört. Der Schwarze entwickelte jetzt seine ganze Schnelligkeit und stieß innerhalb eines winzigen Augenblicks direkt in die beiden hinein. Eigentlich lief er an dem führenden jungen Mustang vorbei, doch dieser war so erschrocken, dass er scheute und seinen Herrn dabei abwarf. Der Schwarze beachtete ihn überhaupt nicht weiter, sondern ging nun den zweiten Mustang an.

Er stieg hoch und trat mit seinen Hufen nach dem Schecken, dessen Reiter zu keiner wirklichen Reaktion fähig war. Stattdessen riss er nur den Mund auf und machte mit seiner rechten Hand ein Zeichen zur Abwehr von bösen Geistern.

Schneller Pfeil klammerte sich an seinem Mustang fest und gab seine Versuche, den Schwarzen lenken zu wollen, auf. Er war vollends damit beschäftigt, auf seinem Rücken zu bleiben, und traute seinen Augen nicht. Sein Mustang biss nun nach dem Schecken und der wendete sich fast panisch von ihm ab und nahm seinen Reiter mit sich. Schneller Pfeil wollte aufatmen, doch der Schwarze dachte gar nicht daran, den Schecken so einfach entkommen zu lassen, und jagte ihm hinterher. Innerhalb weniger Augenblicke hatte er ihn eingeholt und rammte das Tier, welches vor Angst laut schnaubte und die Augen verdrehte. Der Arapaho dachte nicht daran nach seinen Waffen zu greifen, sondern krallte sich mit verzerrtem Gesicht in der Mähne seines Ponys fest. Der Schwarze traf den Schecken noch einmal mit den Hufen. Dann ließ er von dem unterlegenden Gegner ab und lief einen Halbkreis.

Schneller Pfeil wusste nicht, ob er in diesem Moment überhaupt an etwas dachte, denn er fühlte nichts. Was er hier gerade erlebte, war ohne Beispiel, und er konnte es sich nicht erklären. Sie liefen zu Kleiner Fuchs zurück, der langsam weitergeritten war und seinen Hengst jetzt gestoppt hatte.

Er sah die beiden dabei ungläubig an, während sie sich ihm näherten. Der Schwarze schien jetzt keine Gefahr mehr zu sehen, denn er tat so, als hätten sie nun alle Zeit der Welt. Auf dem Rückweg passierten sie auch wieder den Arapaho auf dem braunen Pferd mit dem weißen Fleck am linken Auge.

Dieser war wieder aufgesessen, doch sein Pony hatte sich nicht bewegt und sah immer noch gebannt zu dem Schwarzen hin. Schneller Pfeil hielt die Luft an, als sich sein Mustang jetzt dem Braunen näherte, doch der befürchtete Wutanfall blieb aus. Ganz im Gegenteil schienen sich die beiden nicht nur zu kennen, sondern auch zu schätzen, denn sie streiften freundschaftlich die Köpfe aneinander.

Der Arapaho, sonst bestimmt ein mutiger und tapferer

Krieger, tat so, als würde er sie nicht sehen und Schneller Pfeil zog vorsichtig am Zügel, um von ihm weg zu kommen. Der Schwarze hatte sich wieder beruhigt und ließ sich auf ihn ein.

Plötzlich fiel Schneller Pfeil der dritte Krieger ein, der sie durch die Senke verfolgt hatte, und sein Kopf fuhr in Richtung des Muldenausgangs zurück. Doch seine Sorge war unbegründet. Der letzte der Arapahos hatte das Geschehen aus gebührendem Abstand angesehen und zeigte wenig Lust, näher zu ihnen aufzuschließen.

Schneller Pfeil ließ seinen Mustang in dem ihm genehmen Tempo zu Kleiner Fuchs zurücklaufen, der ihm eingeschüchtert entgegensah. Sie glaubten an viele Dinge und ein jeder musste die für ihn am besten wirkende Medizin finden und anwenden. Doch Kleiner Fuchs glaubte, dass sein Freund dieses hier eben selbst bewirkt hatte, während der sich einfach nur wie betäubt fühlte. Hätte er gewusst, dass sich die drei Mustangs von früher kannten und der Schwarze mit dem Schecken noch eine Rechnung offen hatte, und sich dieser alte Konflikt bei dem überraschenden Zusammentreffen einfach entlud, wäre ihm manches wohl verständlicher vorgekommen. So konnte er nur über den erneuten Ausbruch seines Mustangs nachdenken.

Die Arapahos drehten nun ab und ritten zu ihrer Gruppe zurück. Sie hatten ihre Mustangs wieder, doch ihr Überraschungsangriff war für sie zu einem Fehlschlag geworden. Schneller Pfeil bezweifelte, dass diese drei den anderen von dem Vorfall erzählen würden, und wenn doch, würde sie es zumindest vor weiteren Überfällen bewahren.

Sie ritten nun schweigend weiter Richtung Süden, irgendwo dorthin, wo ihr Dorf sein musste. Der Schwarze hatte sich jetzt wieder beruhigt und es war ihm nichts anzumerken. Sie bewegten sich nur noch langsam voran, so als wäre jeder Druck und alle Anspannung von ihnen abgefallen.

Kleiner Fuchs blickte sich noch einmal forschend um, doch er sah keinen der Arapahos mehr und irgendwie hatte er mit dieser Gefahr auch abgeschlossen. Langsam stieg die Sonne höher und schien ihnen warm ins Gesicht. Vor ihnen entdeckten sie jetzt Reiter, die direkt auf sie zuhielten. Kleiner Fuchs war nicht überrascht, in einem von ihnen Dachshaar zu erkennen. Seine besorgte Miene wandelte sich zu einem erleichterten Lächeln, als er erkannte, dass seine beiden Freunde das Abenteuer offensichtlich unbeschadet überstanden hatten. Hinter Dachshaar schwärmten jetzt noch andere Krieger aus, die zum Schutz des Dorfes einen Sicherungsposten bezogen hatten.

Schneller Pfeil sah seinen Vater unter diesen Kriegern und schüttelte seine merkwürdige Befangenheit, die ihn immer noch im Bann hielt, ab. Schließlich hatten sie einen Angriff auf ihr Dorf verhindert und dabei ohne Zweifel ihr eigenes Leben riskiert. Dieser Mut würde geachtet werden und die ersten Krieger hoben ihre Sperre und riefen ihnen anerkennend zu. Dann kamen sie dichter und die Rufe wurden lauter. Schneller Pfeil sah den Stolz in den Zügen seines Vaters und setzte sich etwas aufrechter. Er hatte sich Sorgen gemacht, von denen er nicht einmal

Kleiner Fuchs etwas erzählt hatte. Dass die anderen jungen Krieger mit Ruhm bedeckt zurückkehren und er von ihnen nicht mehr beachtet werden würde. Solche Gedanken waren ihm immer wieder durch den Kopf gegangen. Doch dann hatte er sich mit seinem Mustang getröstet. Dieser war schließlich einmalig in der ganzen Prärie, auch wenn er sein Verhalten nicht immer verstand oder gar voraussehen konnte. Er würde ihn gegen keinen Mustang der Welt eintauschen, soviel war sicher.

Die anderen Krieger riefen ihnen neugierig Fragen zu und Kleiner Fuchs beantwortete sie.

Sein Bericht zog beifälliges Raunen und schließlich Gelächter nach sich. Viele verstanden erst jetzt, wie groß die Gefahr gewesen war, und freuten sich über den schmählichen Rückzug der Feinde.

Ihr Zug näherte sich langsam dem Dorf und Schneller Pfeil kam es vor, als würde er von einem erfolgreichen Kriegszug zurückkehren. Die Frauen fingen bei ihrem Anblick an, schrille Freudenschreie auszustoßen, und die Kinder rannten neben ihnen her. Einer der Krieger hatte eine zurückgelassene Büffeldecke der Arapahos gefunden und zeigte die Trophäe herum. Die Arapahos waren nach ihrer Entdeckung und dem Einfangen ihrer Mustangs geradewegs geflüchtet, da sie nicht mehr an ein erfolgreiches Unternehmen glaubten. Sie hatten den Überraschungsvorteil verloren und standen tief in feindlichem Gebiet. Also flohen sie und Schneller Pfeil und Kleiner Fuchs hatten durch ihren Mut eine große Gefahr für ihren Stamm abgewendet.

Jetzt wurden sie mit anderen Augen gesehen, denn Mut wurde von den Comanchen besonders hoch bewertet. Sie waren offensichtlich keine Jünglinge mehr, sondern Krieger, und diese Tatsache wurde ihnen nur langsam bewusst. Ihre Altersgenossen, darunter auch Dachshaar, hingen an ihren Lippen und sie mussten den Hergang des Geschehens wieder und wieder erzählen. Kleiner Fuchs beschrieb dazu die überraschten Gesichter der Arapahos und bemühte sich, sie anschaulich nachzumachen, was für große Erheiterung bei seinen Zuhörern sorgte.

Ein Kriegertrupp verfolgte die Fährte ihrer Feinde, um zu verhindern, dass sie es sich vielleicht noch einmal anders überlegten. Man wollte sich nicht noch mal der Gefahr einer Überraschung aussetzen.

Abends trafen sich die Krieger im Versammlungszelt und besprachen ihr weiteres Vorgehen.

Der Häuptling ergriff als erster das Wort.

„Die jungen Krieger haben wie echte Comanchen gehandelt. Von dieser Tat wird man an den Lagerfeuern noch lange sprechen, weit über die Stammesgrenzen hinaus."

Er machte eine Pause und sah aufmerksam in die Gesichter der Zuhörer.

„Schneller Pfeil und Kleiner Fuchs haben sich heute Ruhm erworben. Sie waren bereit, ihr Leben für das ihres Stammes zu geben, und haben damit gezeigt, dass sie keine Jünglinge mehr sind. Mit dem heutigen Tag werden sie in den Kriegerbund aufgenommen und es steht ihnen frei, in den Krieg zu ziehen, oder sich eine Frau zu nehmen."

Der Häuptling lächelte bei seinen Worten und einige der Zuhörer nutzten die Pause, um ein paar unpassende Bemerkungen dazu zu machen.

Schneller Pfeil spürte, wie sein Gesicht etwas warm wurde, und bemühte sich, dem Anlass entsprechend würdevoll auszusehen. Er saß mit Kleiner Fuchs zum ersten Mal in dieser Runde und fühlte sich noch etwas unbehaglich. Sein Freund empfand bestimmt ähnlich, doch er konnte ihn schlecht fragen.

Der Häuptling wartete bis der letzte Zuruf verhallt war und schaute dann aufmerksam in die Gesichter der versammelten Männer.

Es waren verhältnismäßig wenige Krieger anwesend, da die meisten zusammen mit den jungen Kriegern losgezogen waren. Doch sie konnten nicht warten, bis diese wieder zurück waren. Eine Entscheidung musste gleich getroffen werden, denn dafür war dieser Vorfall zu ernst.

„Die Feiglinge der Arapahos haben sich davongeschlichen wie Kojoten beim Geheul eines Wolfes. Doch wir können sie damit nicht ungestraft durchkommen lassen und es einfach vergessen."

Die Männer murmelten zustimmend. Doch es gab auch nachdenkliche Gesichter.

Roter Hirsch meldete sich bedächtig.

„Die Kojoten sind geflohen, doch sie waren zahlreich. Ihnen jetzt mit einer deutlich kleineren Anzahl von Kriegern nachzusetzten, würde zu nichts führen. Zumal sie ja mit uns rechnen würden. Wir sollten abwarten, bis unsere jungen Krieger wieder zurück sind. Dann wären wir stark genug für eine deutliche Antwort."

Die meisten Männer stimmten zu, doch Adlerklaue begehrte auf.

Er schüttelte vorwurfsvoll den Kopf, als würden sie das Offensichtliche übersehen.

„Die Krieger der Comanchen müssen eine Überzahl nicht fürchten. Sie sind viel tapferer als ihre Feinde. Doch wir müssen jetzt handeln, sonst heißt es bald, unser Gebiet kann jeder nach Belieben betreten."

Roter Hirsch nickte ruhig.

„Über die Tapferkeit unserer Krieger müssen wir nicht sprechen. Schon unsere jungen Kämpfer hier haben einen größeren Trupp der Feinde verjagt." Er zeigte zu seinem Sohn und Kleiner Fuchs hinüber und die Männer lachten beifällig.

Sein Vater blickte in die Runde.

„Wir sollen auch nicht untätig herumsitzen. Lasst uns Späher aussenden, die selbst unsichtbar bleiben. Warum die Feinde warnen? Sind unsere Krieger wieder da, wissen wir alles über sie und schlagen mit ganzer Kraft zu."

Die Männer murmelten zustimmend und damit war es beschlossen. Der Häuptling nickte anerkennend.

„So sei es. Die Späher werden ihnen heute noch folgen, um den Abstand nicht zu groß werden zu lassen."

Damit war die Beratung zu Ende und die Männer wendeten sich anderen Dingen zu. Schneller Pfeil und Kleiner Fuchs mussten erneut erzählen, wie sie den Arapahos die Mustangs weggetrieben hatten, und jeder erfreute sich an ihren Grimassen, als sie die entsetzten

Gesichter ihrer Feinde nachmachten.

Schneller Pfeil kam erst jetzt dazu, den Abend zu genießen, und legte seine Aufregung ab. Es war ein schönes Gefühl, plötzlich als gleichwertig angesehen zu werden und nicht mehr nur ein Heranwachsender zu sein. Er würde wohl noch einen Augenblick brauchen, um sich daran zu gewöhnen, doch er freute sich mächtig darüber.

Die nächsten Tage verliefen ohne besondere Ereignisse. Sitzender Bär hatte kein weiteres Wort über den schwarzen Mustang verloren. Die Wirkung des Zauberwassers schien verflogen und er war wieder ganz der Alte. Schneller Pfeil sprach das Thema bei seinem Vater noch einmal an, doch der riet ihm, nicht mehr darüber zu sprechen. Also verlor Schneller Pfeil kein Wort mehr darüber, doch vergessen würde er den Vorfall ganz sicher nicht.

Und dann kamen die Teilnehmer des Kriegszuges zurück. An einem späten Vormittag eines wolkenverhangenen Tages ritten sie gemächlich ins Dorf ein. Natürlich hatte man sie rechtzeitig erblickt und ihnen einen entsprechenden Empfang bereitet. Die jungen Krieger saßen nun mit einer neuen Würde auf ihren Ponys. Sie hatten eine beachtliche Anzahl an Pferden erbeutet. Darunter große Tiere, die deutlich kräftiger waren als ihre kleineren Mustangs. Die Armee ritt solche Tiere. Sie waren auf kurzen Strecken zwar schnell, aber längst nicht so ausdauernd wie ihre eigenen Tiere. Doch sie machten zweifellos bei anderen Stämmen Eindruck. Einige von ihnen waren mit Säcken voller Getreide beladen und noch einigen anderen nützlichen Dingen.

Die jungen Krieger hatten ihre Taten mit Farbe auf ihren Mustangs abgebildet. Die meisten Zeichen standen für erfolgreichen Raub, aber einige hatten auch die schwarzen Kreise für den Tod auf die Flanken gemalt. Schneller Pfeil wusste, dass die Mexikaner nicht als gleichwertige Gegner angesehen wurden, doch die Krieger hatten einige Skalpe gesammelt. Diese Krieger gaben sich besonders stolz, denn sie hatten sich mit ihrem Erfolg besonders hervorgetan.

Schneller Pfeil bemerkte, dass Tosendes Wasser einer von ihnen war, und er versuchte, sich seinen Unwillen nicht anmerken zu lassen. Kleiner Fuchs hatte den Blick natürlich trotzdem bemerkt und verdrehte übertrieben die Augen, natürlich nur so, dass sein Freund es sehen konnte. Wenn Tosendes Wasser bisher schon von sich überzeugt war, so würde ihn das nur noch mehr bestätigen, und es war zukünftig noch schwerer, mit ihm auszukommen.

Die jungen Krieger trafen sich am späten Nachmittag am Bach, der mittlerweile nur noch wenig Wasser führte. Ein paar hundert Meter vom Dorfrand entfernt hatte das Wasser eine Mulde ausgewaschen und erreichte hier eine Tiefe von etwa einem Meter. Überall sonst reichte es gerade, um die Hufe der Mustangs zu umspülen, doch für eine Abkühlung war es jetzt zu wenig.

Die heimgekehrten Krieger erzählten von ihren Erlebnissen und prahlten mit den bestandenen Heldentaten. Natürlich führte gerade Tosendes Wasser das große Wort und er konnte den alten Groll gegen

Schneller Pfeil nicht lange zurückhalten. Nach einer Weile kam er schließlich auf ihn zu.

„Du schuldest mir noch einen schwarzen Mustang", sprach er ihn an.

Schneller Pfeil saß auf einem größeren Stein, der halb vom Wasser umspült wurde.

Jetzt verzog er erstaunt sein Gesicht.

„Ich habe gesehen, dass du einige Pferde erbeutet hast. Wenn sie nicht die gewünschte Farbe hatten, warum hast du sie dann den langen Weg mitgenommen?"

Er hatte extra etwas lauter gesprochen, denn er hatte den Eindruck, dass sein Gegenüber entgegen seiner sonstigen Art etwas leiser war.

Die meisten der Umherstehenden prusteten los und das Gesicht von Tosendes Wasser färbte sich dunkler.

Er trat einen Schritt näher an Schneller Pfeil heran, der demonstrativ auf seinem Stein sitzen blieb und die Arme vor der Brust verschränkte.

„Du weißt genau, dass ich im Recht bin. Ich werde den Schwarzen bekommen, so oder so."

Schneller Pfeil spuckte aus und sah seiner Spucke sehr interessiert hinterher, als gäbe es nichts Wichtigeres für ihn auf der Welt.

„Der Schwarze gehört mir. Du wirst nie auf ihm reiten", stellte er dann wie nebenbei klar und das war wohl zu viel für das aufbrausende Gemüt seines Gegenübers.

Tosendes Wasser zeigte, dass er seinen Namen zu Recht trug. Seine schneidende Stimme war von allen Jünglingen deutlich vernehmbar.

„Ich habe Feinde unseres Stammes getötet und bin nun

ein Krieger. Mein Wort wird von nun an Gehör finden in unserer Ratssitzung. Wer bist du, dass du es wagst, so mit mir zu sprechen?"

Schneller Pfeil stieß sich jetzt von seinem Stein ab und stellte sich seinem Gegner.

Er überragte ihn um eine Handbreit und sah bewusst auf ihn herab. Tosendes Wasser vergaß das immer wieder und reckte trotzig sein Kinn hoch, als könnte er diesen Nachteil dadurch wettmachen.

Schneller Pfeil hatte jetzt genug. Seine Stimme klang wütend, hatte dabei aber auch die Schärfe eines Messers.

„Während du wehrlose Mexikaner beraubt hast, haben Kleiner Fuchs und ich einen Angriff von vierzig Arapahos verhindert, die unser Dorf überfallen wollten. Du kannst dich gern beim Häuptling danach erkundigen."

Tosendes Wasser blickte sich verwirrt um, denn davon hatte er noch nichts gehört, und war völlig überrascht.

Einige der Jünglinge nickten nachdrücklich und bestätigten die Geschichte damit.

Schneller Pfeil hatte kein Mitleid und setzte nach.

„Zeig ihm doch mal deinen erbeuteten Skalp vor und berichte von deinen Taten. Vielleicht hat er Langeweile und hört sich die Geschichte noch mal an, nachdem du sie heute schon unzählige Male erzählt hast."

Tosendes Wasser biss die Zähne zusammen und fixierte ihn.

„Aber ich habe einen Feind getötet. Du nicht!"

Damit hatte er Recht und da das bei Kriegern zählte wie nur wenige andere Dinge sonst, bekam er wieder Oberwasser.

„Schneller Pfeil hat einen Krieger der Arapaho mit der Hand berührt."

Kleiner Fuchs trat einen Schritt auf die Kontrahenten zu und versuchte, beiden in die Augen zu sehen.

Tosendes Wasser schien mit einem Male etwas kleiner geworden zu sein.

Einen Gegner mit der bloßen Hand zu berühren, nannte man Coup. Ein Coup war so ungefähr das Mutigste, was man überhaupt machen konnte. Schließlich würde kein Krieger die Berührung wehrlos hinnehmen und man musste sich dafür in die unmittelbare Reichweite seiner Waffen begeben. Das zu schaffen, ohne selbst verletzt oder getötet zu werden, war also unheimlich schwierig. Gelang es trotzdem, war dem mutigen Krieger höchster Respekt sicher.

Tosendes Wasser war durch seine Arroganz selbst ins Messer gelaufen und das begriff er jetzt in aller Deutlichkeit. Keiner wollte ihm dabei helfen sich zurückzuziehen. Selbst seine engsten Freunde blickten betreten auf ihre Füße und wichen seinem hilflosen Blick aus.

Alle anderen starrten ihn wortlos an und schließlich ballte er in ohnmächtigem Zorn die Fäuste und drehte sich weg. Er verließ die Gruppe und ging ins Dorf zurück, während sein Rücken unter den Blicken der jungen Männer förmlich brannte.

Die jungen Krieger schwiegen eine Weile verschämt, doch nicht wenige gönnten Tosendes Wasser diese Niederlage. Ihre Blicke wanderten immer wieder bewundernd zu Schneller Pfeil hinüber, denn sein Name fiel in den letzten

Tagen immer wieder und es war nur Gutes, was über ihn berichtet wurde.

Kleiner Fuchs stellte sich neben seinen Freund. Eigentlich hatten sie abgesprochen, über den genauen Hergang zu schweigen, doch jetzt hatte ihn die Aggressivität von Tosendes Wasser wütend gemacht.

Schneller Pfeil war seinem Freund für die Hilfe dankbar, auch wenn er dieses Geheimnis lieber für sich behalten hätte. Schließlich hatte er sich nicht mit dem Ziel, einen Coup auszuführen, auf den Arapaho gestürzt, sondern war nur durch seinen Mustang dazu in die Lage versetzt worden. Doch jetzt hatte Kleiner Fuchs es so dargestellt, als wäre er todesmutig auf den Gegner losgegangen, und diese Vorstellung behagte ihm nicht. In seinen Ohren klang das sehr nach Angeberei, doch nun konnte er nicht mehr zurück. Kleiner Fuchs bemerkte den Unmut im Gesicht seines Freundes und sah ihn entwaffnend an. Er wusste, dass er schnell darüber hinwegkommen würde.

Die größte Veränderung konnte Schneller Pfeil in den Augen seiner Stammesangehörigen sehen. Die Bewohner ihres Dorfes sahen in ihnen jetzt nicht mehr jugendliche Unruhestifter, sondern Ernährer und Verteidiger des Stammes. Mussten sie bei der letzten Herbstjagd auf die Büffel noch darum bitten mitgenommen zu werden, so stand ihnen dieses Recht jetzt zu. Sie würden ihren Beitrag leisten und das wurde gewürdigt.

Die meisten der zurückgebliebenen Krieger wollten am Rachefeldzug gegen die Arapahos teilnehmen und auch Schneller Pfeil und Kleiner Fuchs gedachten, sich dieses

Mal anzuschließen. Ihre Späher hatten sich noch nicht gemeldet, doch das würden sie bald. Auch wenn dieser Kriegszug nicht so lange dauern würde wie der gegen die Mexikaner, so würden sie doch einige Wochen unterwegs sein und Vorbereitungen treffen müssen.

Die Frauen legten Proviant bereit. Frisches Fleisch hielt sich im Sommer nur sehr kurze Zeit, also schnitt man es in Streifen und trocknete es an Stangen. Jetzt war es haltbar und konnte ohne weiteren Aufwand transportiert werden. Natürlich wurde frische Jagdbeute vorgezogen, doch auf einem Kriegszug konnte man kein Lagerfeuer anzünden, um Fleisch zu braten, also würde man sich damit begnügen müssen.

Die Krieger überprüften ihre Waffen und reparierten sie bei Bedarf. Es gab immer Pfeile zu schnitzen oder Spitzen zu schärfen. Schneller Pfeil hatte sich erst im letzten Winter einen neuen Bogen gebaut, mit dem er sich gut eingeschossen hatte. Wenn draußen die Schneestürme heulten und der Schnee jede Bewegung zur Qual machte, war die richtige Zeit für eine solche Beschäftigung gekommen, denn jeder Comanche war für die Herstellung und Pflege seiner Waffen selbst verantwortlich.

Die jungen Männer versorgten auch ihre Mustangs und achteten dabei auf jede Kleinigkeit. Ihre Ponys waren zwar widerstandsfähig und genügsam, doch sie durften auch keine Verletzung haben, die sie später aufhalten würde. Schneller Pfeil unternahm deshalb regelmäßig Ausritte und fand seinen Schwarzen stets in bester Form vor.

Eines Morgens stand Schneller Pfeil früher auf als sonst.

Kleiner Fuchs hatte Antilopenspuren gefunden und sie wollten der Fährte heute folgen. Als Schneller Pfeil zur Koppel kam, suchte er seinen Schwarzen jedoch vergeblich. Das war nicht ungewöhnlich, denn die Herde umfasste mehrere Hundert Tiere. Jeder Comanche hatte drei oder vier Mustangs und die angesehenen Krieger vielleicht sogar noch mehr. Da konnte es schon mal einen Moment dauern, bis sie sich gefunden hatten.

Normalerweise kam sein Schwarzer aber gleich auf ihn zu, wenn er sich der Herde näherte.

Dieses Mal jedoch nicht. Schneller Pfeil umrundete die Herde, um nicht zu viel Unruhe zu verursachen. Der Wächter war in dieser Nacht einer der jungen Krieger gewesen, der aber nichts bemerkt hatte. Wichtiger war aber auch das Aufpassen im Winter, denn dann konnten sich auch mal Wölfe oder andere hungrige Räuber Hoffnungen auf leichte Beute machen.

Schneller Pfeil hatte das Gelände nun fast umrundet, als er seinen Hengst endlich sah.

Der Schwarze lag am Boden und hatte den schlanken Kopf erhoben. Als er Schneller Pfeil sah, versuchte er aufzustehen, doch man sah ihm an, dass er dabei Schmerzen hatte. Schneller Pfeil lief auf ihn zu und streichelte liebevoll seine Stirn. Der Schwarze legte seinen Kopf auf seine Schulter und Schneller Pfeil konnte spüren, wie er ruhiger wurde. Er fuhr fast zärtlich mit seiner Rechten über die Nüstern und wurde mit einem Schnauben belohnt. Seine Hand wanderte jetzt am Hals entlang und gleichzeitig tasteten seine Augen das Fell ab. Der Schwarze versuchte, seine linke Vorderhand zu schonen, und hatte sein Gewicht auf die anderen Beine gelegt. Schneller Pfeil blickte auf die Art der Verletzung und hielt für einen Moment den Atem an. Er weigerte sich zu glauben, was er dort sah. Eine glatte Schnittverletzung zog sich über eine Fingerlänge am Muskel entlang. Sie schien nicht zu tief zu sein, doch sie war sicher schmerzhaft.

Schneller Pfeil sah sich um, während sich ein quälender Gedanke in seinem Kopf herausbildete. Hier war nichts, woran man sich derart verletzen konnte. Die Mustangs wurden in eine Art Koppel gesperrt, deren Absperrung aus Seilen bestand. Dort konnten sie sich frei bewegen und hatten genug zu fressen. Daran konnte man sich unmöglich so verletzen.

Schneller Pfeil bis sich auf die Unterlippe. Diese Wunde war zu glatt. Es sah aus, als hätte sie jemand mit einem Messer zugefügt und es gab eigentlich nur eine Person, der er etwas so Unbeherrschtes zutrauen würde.

Vielleicht wollte derjenige ja auf dem Schwarzen reiten und dieser hatte sich gewehrt?

Aber auch wenn er diesen Verdacht hatte, wie sollte er ihn jemals beweisen?

Er dachte einen Moment nach, doch es wollte ihm nichts einfallen. Sanft strich er über den zierlichen Kopf und sah in die dankbaren Augen des Schwarzen.

„Ich werde nicht zulassen, dass dir etwas passiert. Ich lasse mir etwas einfallen, das verspreche ich dir."

Sein Mustang sah ihn an, als würde er jedes Wort von ihm genau verstehen, und legte dann wieder vertrauensvoll den Kopf auf seine Schulter.

Kleiner Fuchs war entsetzt, als er davon hörte. Das Pferd eines Comanchen war für andere tabu, denn die beiden bildeten eine verschworene Einheit. Sich an einem von ihnen zu vergreifen, verstieß gegen jegliche Regeln. Doch in diesem Fall konnten sie nichts beweisen und nur ein Verdacht reichte nicht aus, um etwas zu unternehmen.

Die meisten Krieger hatten ihr Lieblingspony neben ihrem Zelt angebunden und so im Notfall schnell zur Hand. Roter Hirsch, sein Vater, hielt es mit seinem Mustang ebenso und Schneller Pfeil beschloss, seinen Schwarzen zukünftig auch in seiner Nähe zu behalten. Damit hatte er ihn immer bei sich und nahm seinem Neider vielleicht die Möglichkeit, es noch einmal zu versuchen.

Es vergingen zwei weitere Tage, an denen sich wenig ereignete.

Die Verletzung des Schwarzen war abgeheilt und behinderte ihn nicht mehr. Die Wunde war ohnehin oberflächlich gewesen. Doch was ihn viel tiefer traf, war die Hinterhältigkeit des Angriffs. Bisher gab es für ihn keine Gefahren im Lager. Jetzt jedoch musste der Schwarze mit einem weiteren heimtückischen Angriff rechnen und das konnte ihm nicht gleichgültig sein. Schneller Pfeil wusste, dass sein Mustang durchaus in der Lage war, sich zu wehren. Doch er wollte ihn lieber beruhigt und sicher wissen. Er nahm sich vor, zukünftig noch mehr als bisher auf ihn achtzugeben.

Als die Sonne ihren höchsten Stand erreicht hatte, näherten sich zwei Reiter dem Dorf. Es waren nicht ihre Späher, denn diese würden von Norden kommen. Diese

Reiter kamen aus dem Süden und sie führten ein Packpferd mit sich.

Schneller Pfeil verzog sein Gesicht, als er sie erkannte. Es waren die mexikanischen Händler, die Comancheros, die ihnen vor ein paar Wochen schon mal einen Besuch abgestattet hatten. Schneller Pfeil konnte sich nicht an ihre Namen erinnern, aber es waren der Anführer und der Junge, dessen helle Haare jetzt unter einem Hut verborgen waren. Sie kamen auf dem Weg durchs Dorf auch an seinem Zelt vorbei und Schneller Pfeil bemerkte, dass die beiden seinen Mustang lange musterten. Dieser Blick gefiel ihm nicht, aber er wusste ihn auch nicht zu deuten. Die Mexikaner wurden von ihrem Häuptling als Ehrengäste empfangen und verschwanden mit ihm zusammen im Zelt.

Am Nachmittag kam endlich einer der Späher zurück und hatte viel zu berichten. Da das Beratungszelt für alle Krieger zu klein war, wurde der freie Dorfplatz dafür gewählt. Auch Schneller Pfeil und Kleiner Fuchs nutzten ihre neue Würde und setzten sich erstmals als Krieger in die Runde.

Der Späher zeichnete mit einem Stock die Route auf den Boden, die die Arapahos gewählt hatten. Dabei bemerkte er, dass es nicht leicht war ihnen zu folgen, da sie auf ihrer Flucht ein hohes Tempo vorgelegt hatten. Die Krieger lachten spöttisch und sparten nicht mit abfälligen Bemerkungen.

Ihr Späher zeichnete weiter und nun wurde die Sache interessanter. Viele Krieger beugten sich vor, um alles genau sehen zu können. Der Lagerplatz ihrer Gegner lag an einer Flussbiegung weit im Norden, vielleicht zehn Tagesritte von ihnen entfernt. Sie würden allerdings nicht auf dem direkten Weg hinreiten. Zudem wollten sie das Gebiet der Kiowas weiträumig umgehen, um ihre Freunde nicht zu beunruhigen. Denn Spuren von einer ganzen Kriegergruppe würden sonst nur allzu leicht für Aufregung sorgen. Die Krieger beratschlagten noch einige Einzelheiten, aber eigentlich waren die wichtigsten Punkte bald klar und man entschloss sich, morgen Abend aufzubrechen.

Diesmal hatten die Mexikaner viel weniger Waren mitgebracht, aber doch reichlich Stoffe und farbige Bänder, die bei den Frauen ihres Dorfes für eine Menge Aufregung sorgten. Die Krieger ließen solche Geschenke links liegen und gaben vor, sie nicht zu bemerken. Für ausgesuchte Männer hatte der Händler aber auch schöne Messer mit breiter Klinge dabei und Schneller Pfeil war sehr stolz darauf, seinen Vater später mit einem solchen Messer zu sehen.

Am Abend gab es ein Fest zu Ehren ihrer Gäste. Sitzender Bär wollte dieses Mal sicherstellen, dass seine Besucher auch die Vielzahl junger Krieger wahrnehmen würden. Er berichtete ausführlich von ihren Erfolgen gegen die Feinde des Stammes und vergaß auch den Vergeltungsschlag gegen die Arapahos nicht. Der Mexikaner wurde sichtbar hellhörig, als er auf den schwarzen Mustang zu sprechen kam, und schenkte dem Häuptling immer wieder aus einer großen Korbflasche nach. Dessen Gesten wurden immer größer und seine Stimme lauter. Ein paar Krieger tranken ebenfalls mit, doch Schneller Pfeil beruhigte es, dass sein Vater die Becher nicht anrührte. Ein paar Krieger tanzten zum Klang der Trommeln und als der Abend dämmerte, wurde mehr Holz aufgelegt, und die Flammen schossen höher in den Himmel.

Kleiner Fuchs unterhielt sich mit Dachshaar und Schneller Pfeil über den anstehenden Kriegszug. Sie freuten sich auf das Abenteuer, doch Schneller Pfeil merkte, dass er nicht richtig bei der Sache war. Jetzt hatte er diesem Abenteuer so lange entgegengefiebert, doch in seinem Bauch warnte ihn ein Gefühl, das ihm drohendes Unheil voraussagte. Kleiner Fuchs war an diesem Abend gut aufgelegt. Er unterhielt sie mit lustigen Geschichten und brachte damit sogar Schneller Pfeil auf andere Gedanken. Deshalb war er auch völlig überrascht, als plötzlich sein Vater vor ihm stand. Roter Hirsch wirkte angespannt und gab seinem Sohn ein Zeichen ihm zu folgen. Schneller Pfeil konnte auf den fragenden Blick von Kleiner Fuchs nur mit den Schultern zucken.

Er hatte eine Ahnung, aber diese konnte er unmöglich zu Ende denken. Er ging wie betäubt der stolzen Gestalt seines Vaters hinterher. Sein Kopf fühlte sich leer an und er konnte keinen klaren Gedanken fassen. Sein Vater ging in das Halbdunkel zwischen den Zelten und der Schein des Lagerfeuers fiel über sein Gesicht, welches wie versteinert wirkte. Der Lärm des Festes drang gedämpft zu ihnen und Schneller Pfeil hatte keine Mühe, die Worte seines Vaters zu verstehen.

„Die Mexikaner sind nicht ohne Hintergedanken zu uns zurückgekommen. Sie sind hier, um deinen Mustang zu holen."

Die Worte waren eindringlich und leise gesprochen worden, doch sie dröhnten geradezu in seinem Schädel. Er hatte es geahnt, ja befürchtet, doch seine Ängste bestätigt zu wissen, erwischte ihn wie ein Faustschlag. Irgendwie sollte es nicht sein. Der Schwarze war sein Ein und Alles. Er liebte diesen Mustang, doch es hatte den Anschein, als hätte sich sein Umfeld gegen sie verschworen und wollte nicht, dass sie zusammen waren. Schneller Pfeil schüttelte den Kopf, als würde er sich weigern, das Gehörte aufzunehmen. Sein Vater bedrängte ihn nicht. Er wusste, dass sein Sohn allein einen Weg finden musste, denn er würde damit leben müssen. Er konnte sich nur hinter ihn stellen und ihm den Rücken stärken. Schneller Pfeil schluckte seine Wut und auch seine Hilflosigkeit hinunter. Sein Vater sollte nicht sehen, wie schwer ihm das alles fiel, auch wenn er es sich sicherlich vorstellen konnte. Er sah seinem Vater in die Augen und bemerkte zum ersten Mal bewusst, dass er nicht mehr zu ihm aufschauen musste.

„Ich höre so eine Nachricht lieber von dir als von Sitzender Büffel. Hab Dank für die Warnung." Dann ging er grübelnd an ihm vorbei. Er ließ den Trubel hinter sich, denn jetzt wollte er allein mit sich und seinen Gedanken sein. Ohne es zu bemerken, stand er plötzlich neben seinem Mustang und schwang sich auf dessen Rücken. Er lenkte ihn aus dem Dorf und die letzten Stimmen blieben hinter ihnen zurück.

Der Schwarze ging im Schritt ziellos in die Nacht und
Schneller Pfeil ließ ihn die Richtung bestimmen.

Sein Kopf fühlte sich merkwürdig leicht an und er hatte
den Eindruck, durch die Dunkelheit zu schweben. Die
Sicht war auf wenige Meter begrenzt und nur hin und
wieder sah er die Sichel des Mondes durch die
Wolkenschleier hindurch. Der Schwarze war nun am Bach
an seiner gewohnten Tränke angekommen und senkte
seinen Kopf. Schneller Pfeil glitt von seinem Rücken
herunter und setzte sich auf seinen Stein, der vom Wasser
halb umspült wurde. In der Dunkelheit trat er daneben
und sein rechter Fuß wurde nass, doch er bemerkte es gar
nicht. Tief in Gedanken versunken zog er seine Flöte
hervor und spielte ihre vertrauten Lieder. Der Schwarze
trat dabei immer dichter an ihn heran und sein dunkles
Fell glänzte seiden. Schneller Pfeil nahm seinen warmen
Atem an seiner Wange wahr und spürte plötzlich, wie ihm
Tränen übers Gesicht rannen. Hier in der Nacht konnte sie
niemand sehen und er schämte sich dafür auch nicht.

Nach einer Weile hörte er auf zu spielen und sah in den
nächtlichen Himmel hinauf. Er kam sich jetzt klein und
unbedeutend vor. Es erschien ihm alles so ungerecht. Sein
Mustang war ein besonderes Pferd, aber das sollte nur
ihn allein etwas angehen.

Schneller Pfeil blinzelte und strich dann mit der Hand über
den zierlichen Kopf seines Lieblings. Der drängte sich an
ihn, als würde er die tiefe Traurigkeit spüren, und
schubste ihn dabei fast vom Stein.

Schneller Pfeil räusperte sich. Er stand vom Stein auf und
versuchte, sein Selbstmitleid und seine Trauer hinter sich

zu lassen. Es wusste, was er tun würde, aber das erforderte mehr Kraft als er eigentlich zu geben bereit war. Er saß wieder auf und lenkte den Mustang in die Prärie hinaus. Sie ritten, bis der Morgen im Osten graute und der Horizont sich rot färbte.

Spuren kreuzten ihren Weg. Antilopen waren hier vorbeigekommen und auch eine kleine Bisonherde war vor nicht einmal einem Tag hier entlanggezogen. Sie ritten weiter in die aufgehende Sonne hinein und sahen zu, wie um sie herum das Leben erwachte. Präriehunde warnten sich mit durchdringenden Pfiffen und sahen ihnen neugierig hinterher. Insekten umschwärmten sie und aus der Ferne war der Ruf eines Vogels zu hören.

Schneller Pfeil hatte den Blick fest auf den Boden gerichtet. Er verspürte keinen Hunger und weigerte sich, an irgendetwas anderes zu denken. Gegen Mittag fand er endlich die Spuren, die er gesucht hatte, und ließ sich vom Rücken des Schwarzen gleiten. Er untersuchte die Spuren genau und schließlich nickte er zufrieden. Er umarmte seinen Mustang und flüsterte ihm ins Ohr, wie dankbar er ihm war. Welche schöne und aufregende Zeit sie miteinander hatten und dass er ihn niemals vergessen würde. Doch dass es jetzt an der Zeit war, sich zu trennen, denn sonst würde er ein Opfer von Neid und Habgier werden. Lieber würde er, Schneller Pfeil, ihn aufgeben, als ihm das anzutun.

Der Schwarze sah ihn mit seinen dunklen Augen traurig an und Schneller Pfeil war bereit, jeden Schwur zu schwören, dass er ihn in diesem Moment genau verstand. Er nahm ihm die Zügel ab und gab ihm einen auffordernden Klaps auf die Flanke, doch der Schwarze blieb nach einigen Schritten stehen und drehte den Kopf zu ihm um. Schneller Pfeil merkte, wie seine Augen brannten, aber er wusste auch, dass er das tat, um seinen Mustang zu schützen. Er hob den Arm in Richtung der Spuren, die von einer kleinen Mustangherde stammten, und der Schwarze schüttelte unwillig den Kopf. Er wollte nicht gehen, doch sein Reiter schien nicht anders handeln zu können, und so fügte er sich.

Schneller Pfeil sah seinem Mustang hinterher, bis er als kleiner Punkt in der Ferne verschwand. Selbst dann konnte er seinen Blick nicht vom Horizont lösen. Er kämpfte gegen seine Trauer an, denn er war ein Krieger der Comanchen und Opfer gehörten zum harten Leben in der Prärie dazu, doch dieses erschien ihm zu hoch zu sein. Hufschlag riss ihn aus seinen Gedanken und er drehte sich langsam um. Kleiner Fuchs war ihm gefolgt und verstand die Trauer seines Freundes. Schneller Pfeil saß hinter ihm auf und sie ritten zu ihrem Dorf zurück. Keiner stellte irgendwelche Fragen. Es war das Geisterpferd, über das sie sprachen und es war so plötzlich wieder aus ihrem Leben verschwunden, wie es gekommen war.

Schneller Pfeil wurde ein großer Krieger der Comanchen, über dessen Taten man an den Lagerfeuern des Stammes sprach. Eine Geschichte besagte, dass er das Geisterpferd in seinen Träumen rufen konnte und dass es dann zu ihm kam. Einige wollten den schwarzen Mustang sogar gesehen haben. Er sollte eine Mustangherde anführen und alle Versuche, ihn zu fangen oder in eine Falle zu locken, schlugen fehl. Der Mustang kannte jeden Trick und witterte jeden Zug im Voraus. Sein Ruf drang über die ganze Prärie und schließlich stellte man die Jagd auf ihn ein und bewunderte ihn.

Immer neue Geschichten über ihn waren im Umlauf, aber eine kannten sie alle.

Einmal im Jahr, wenn der Septembermond den nahen Herbst ankündigte, sollte das Geisterpferd sich mit dem Indianer treffen, der einst auf ihm geritten war. Dann spielte dieser Krieger Lieder für ihn und in dieser mondhellen Nacht drang das Spiel seiner Flöte über die Prärie. Und manchmal, wenn es ganz ruhig war, konnte man diese Melodien sogar hören.